音楽科授業
サポート
BOOKS

心が解放され，本活動の質も向上しちゃう
6学年全領域分野の楽しいアイデアが満載！

「常時活動」を位置づけた 小学校音楽の 新授業

JN039375

近藤 真子・岩井 智宏 著

明治図書

はじめに

「先生，おはようございます！！」

教師になりたての頃，朝会うと必ず手を振りながら声をかけてくれる小学2年生の男の子がいました。その無邪気で元気な挨拶にいつも活力をもらい，疲れていても気がつけば，その言葉で疲れが吹き飛んでいたことを今でも思い出します。

私たちが教育について話をするとき，行き着くのはいつも「子どもってすごいね！」ということです。言葉だけでは何がすごいのか漠然としていますが，人を元気にしてくれる力をもっている子どもたちの存在は，それだけで心からすごいと感じます。この共通の視点は，実践者／研究者という壁を越えて，我々の教育談義をいつも熱く楽しい時間に導いてくれます。

本書の原点は，この「子どもってすごい！」という考え方です。

無限に広がる可能性をもつ子どもたちに，「その子がその子らしく（あなたがあなたらしく）豊かに学びを深めていってほしい。その学びが，予測不可能な未来をつかんでいける力になってほしい。そのためには，どのような実践をすると子どもたちが音楽を通して成長してくれるのだろうか？」そんなことを試行錯誤する中で生まれてきたのがここでご紹介する「常時活動」から「本活動」へのアイデアです。そして，この本を手に取ってくださった先生方にとって，新たな実践に向かうためのパワーの源になっていただけたらという思いから，教育心理学や学習理論にもとづく考え方にも触れました。

「常時活動」は，文字だけ見ると「毎回やる活動」と思われがちな言葉でもあります。しかし，常時活動の捉え方は重要で，常時活動の取り入れ方次第で本活動の学びが大きく変わってきます。そこで本書では，子どもたちが主体的・対話的で深い学びを実現するための土壌づくりとしての常時活動（グランドワーク Groundwork that enable) に関しても述べました。常時活動の意義や本活動とのつながりなどを再確認するきっかけとしていただけたら幸いです。

さあ，先生方！　本書でご紹介する「常時活動」を生かすための秘訣や授業アイデアを，目の前の子どもたちの姿を見つめながら実践に移してみてください。そして，「常時活動」を入り口として，楽しい音楽の授業がどうしたらつくりだせるのかということを一緒に考え，ともに学び，先生方ご自身で納得して楽しい授業づくりのアイデアを膨らませていっていただけたら最高です！！

近藤真子　岩井智宏

音楽の授業だからこそできること

文教大学 **近藤真子** × 桐蔭学園小学校 **岩井智宏**

音楽授業の特徴

(以下,「智」は岩井智宏,「真」は近藤真子)

智 音楽の授業だからできることってどんなことがありますかね?

真 まずは音楽の授業の特徴を考えてみませんか。

智 僕は,授業の中で「音」がいつもそこにあることが大きな特徴だと感じます。

真 目には見えない何かがそこにあるってことですね。

智 そうです! それは,音楽が子どもたち同士をつないでくれたり,元気づけてくれたり,想いを表現させてくれたりなど,いつも空間に優しくいてくれるイメージです。それは,音楽の授業ならではだと感じます。

真 確かに! そこは,人間だけがもつ力,例えば,「想像力」や「創造力」が発揮できたり自由に冒険できたりする空間でもありますよね。

智 そう考えると,音楽の授業が音や音楽であふれている空間になっているかをいつも念頭に置いておきたいですね。

真 私の恩師であるジャッキー・ヴィギンズ(Jackie Wiggins)がよく仰っていたのは,教師が子どもを1人の尊重できるミュージシャンとして見ることが大切だということでした。「全ての子どもたちは,音楽を知る(音で考える)力をもっている」だからこそ音楽にどっぷり浸ることができる空間づくりは必要不可欠なのだと…。

智 民族音楽学者のパトリシア・キャンベル(Patricia Campbell)から授業づくりでアドバイスをいただいたことがあるのですが,同じようなことを仰っていました。「全ての子どもたちは世界中の音楽を純粋に受け入れることができる力をもっている」この言葉は僕にとって大きな感動でした。そういうことからも,子どもを尊重することや音楽に浸れる空間づくりはとても重要であると感じますね。

ポイント1 まずは音楽がいつも流れる音楽室を目指してみましょう。

音楽を通した
人と人との関わり（触れ合い）

真　音楽に浸ることができる空間では，自ずと子ども同士の関わり合いも生まれてきます。実際に手を取り合って活動することもありますし，音楽を通してコミュニケーションが広がっていくこともとても自然なことです。

智　そうなんです。音楽がいつもそばにいてくれることで，気がついたら子どもたちは音楽に合わせて友達と触れ合っている。そんな様子をよく目にします。また，友達との関わり合いが苦手な子でも音楽に身体を委ねることで友達と触れ合えることができるようになっていることもあります。そんなときに，音楽が根本的にもっている力を感じさせられます。

真　きっと，その空間で子どもたちの心の中に安心感も生まれるのでしょうね。ところで，友達と触れ合うことができるようになったことで子どもたちに何か変化は見られましたか？

智　友達と触れ合えるというのは簡単そうで実は難しいことだと思います。特に高学年になってくると，男女での活動などはハードルが高いです。その中で触れ合うということが自然になると，友達と協働的に学び合う学級文化が育まれてきます。例えば，隣の友達と意見交換が自然にできるようになったり，友達の意見を認めることができるようにもなってきたりします。

真　その変化は素晴らしいですね。

真　人の意見を聞いたり，認めたりできるようになるコミュニケーション能力や承認力というのは，社会に出ても必要とされる能力ですし，これから子どもたちが生きていくうえでますます大切になってくる能力だと思います。

智　音楽活動では，友達と触れ合うことができる活動がたくさんあります。これも音楽の授業だからできることの一つではないでしょうか。触れ合えるのは，身体だけではなく心もです。そこに大きな価値をおいて音楽活動に取り組んでいきたいといつも考えています。

ポイント2　友達と触れ合いが生まれる実践を考えてみましょう。

いろいろな視点から見られる
子どもが育ってくる

真　子どもたちがお互いを認め合える空間の中には，子どもの数と同じだけの多様な価値が存在しますよね。価値は，自分の体験から生まれてくるものだからです。過去にまったく同じ経験をもっている人はこの世にいないですよね。ですから当然，皆さんの学校に通ってくる子どもたちも，一人ひとり価値観が違うわけです。その違った価値をお互い尊重できることって実はすごい力だと思うんです。

真　例えば，俳句を使った音楽づくりの活動でどんな音色を選ぶかグループで話し合ったとき，「古池や，蛙飛び込む，水の音（一茶）」の水の音をA君はタンバリン，B

さんはトライアングルの音で表現したいと思いました。そこで，この違った意見を前に子どもたちはどうしたと思いますか？

真　まず，両方やってみようということになって，最終的に子どもたちが話し合って決めたのは，タンバリンを打った直後にトライアングルをチーンと鳴らすというアイデア。その絶妙な音鳴らしのタイミングとトライアングルの余韻が何とも言えない音風景を描き出したのです。それには私も驚きました。A，Bのどちらが俳句のイメージに合うかをまず音で試してみて，AでもBでもない，新たなCというアイデアが子どもたちの中から生まれたのです。自分とは違う考えを受け入れて，仲間と新たな価値をつくりあげる。このような創造のプロセスを，音楽は実現してくれますよね。

智　音楽には無数の音色が存在します。その音色を生かして音楽活動の実践をしていく。そこには無意識の中にそれぞれの個性が生まれてきます。その違いを認め，共有することで，子どもたちは多種多様な視点からものを見ることができるようになってきます。音楽は同じ一つのメロディーでも感じ方は人それぞれ違いますし，それが，面白さや音楽に向かう好奇心の元にもなっているように感じます。

真　音楽がもつ複雑性 complexity や，多様性 multiplicity，あいまいさ ambiguity から生まれる音楽そのものの魅力でもあり，そこを大切にすることで音楽ならではの，音楽だからこそできる授業が実現するのかもしれませんね。

ポイント3　違いにこそ価値があることを子どもたちと共有しましょう。

思考の深まりを大切に授業をする

智　空間が常に音楽で満たされることで，子どもたちに安心感が生まれ，それぞれの違いも認めることができるようになってくることをここまで話してきました。多様な価値を認め合えるようになった子どもたちは音楽についてさらに深く学ぼうとします。すなわち音楽を通した思考力の育成も可能になってきますね。

真　そこが今，求められている教育のポイントだと思います。ただ，音で考えたり音楽について考えたりする「音楽的思考」という言葉はあまりなじみがないかもしれませんね。なぜなら，これまでどうしてもパフォーマンス重視の授業になりやすい傾向にあったからです。

智　確かにそうですね。しかし，音楽を通して思考力が育成されると結果的にパフォーマンスの部分も磨かれていきますよね。主体的な表現へもつながってくると思います。

真　そうなんですよね。思考することで表現力が高まることは往々にしてあります。

智　僕は，思考は表現だと捉えています。思考が膨らむことで表現力は大きく変化します。音楽を通して思考を刺激するためには，子どもたちが音楽について考えるきっかけが必要になってきます。そのためには，教

師の教材研究や子どもたちへの発問がとても重要になってくるわけです。

智　例えば，2年の歌唱共通教材「夕やけこやけ」では次のような発問をします。これをつくった人は最後の音を「どうして高いドにしたんだろうね。低いドでもよかったわけだよね」と問いかけてみます。すると，子どもたちはこれまでのいろいろな経験から「どうしてだろう？（Why）」とたくさんの可能性を考え始めるのです。「また遊ぼうね」や「明日も楽しもう」という明日への期待感を伝えたいから，高い音で終わるのではなどといった子どもなりの意見が出てきたりします。そのような思考の動きが見られた後，表現の工夫について「じゃあ，どう歌ったらいいのかなあ」と子どもたちとともに考えることで，声の出し方や最後のフレーズの表現が驚くほど変わってきたりします。

真　だからこそ発問は大切だし，一つの発問から子どもの思考が様々な方向へと広がっていく瞬間を大切にしたいですね。それは私たちの中でも最近よく話題にのぼりますが，アメリカの教育実践・研究者，ロン・リチャート（Ron Ritchhart）たちが言う Good question の中の一つ，ジェネレイティブクエスチョンGenerative question につながりますよね。

智　僕は Generative を波紋というイメージで捉えています。まるで水面に一つの水滴が落ちることで全体に広がっていくようなイメージです。

真　そうなんですよね，教師から子どもへ一つの答えを求めた発問ではなく，オープンエンドな（答えが一つでない）発問が大切です。そこでは，子どもたちが対話の中で思考しながら新しい答えをつくりだす。そんな場面が授業の中に生まれてくるのです。わくわくしますよね。

真　Good question の中には，コンストラクティブクエスチョン〔Constructive（学びが構築されていく発問）〕，ファシリテイティブクエスチョン〔Facilitative（思考の促進を導く発問）〕などがありますが，そういった発問によって，子どもは学びの中心，責任者になり，自ずと思考が活性化してきます。そして思考が深まり，歌唱，器楽，音楽づくりなどの表現の質が向上してくるというのが理想的ですよね。

ポイント4　音楽で思考が動き出す発問を考えてみましょう。

各ポイントを実現するための常時活動

智　常時活動を通してできることは，大きく分けると2つあるように感じます。1つ目は，心が前向きに活動できる空間づくり。2つ目は，音楽的な能力を積み重ねることで豊かな音楽表現の基盤となる活動。毎授業で音楽的な知識や技能を積み重ねていくことは音楽活動が充実していくことにつながっていきます。しかし，これは活動に子どもたちが向かってくれないと実現できません。音楽活動とはどんな活動においても前向きな気持ちが必要とされます。

真　音楽に向かうエージェンシー〔agency（行為主体性）〕ですね（p.14参照）。エージェンシーは私が特に大切にしていることで，長年の研究テーマでもあります。自分から「やってみよう！」「できるかも！」という主体性。ここには多くの環境的要因が関わってきますよね。

智　その通りです。例えば，「歌を歌う」という単純な作業でも，みんなの前で声を出すには大きな勇気が必要です。だからこそ少しでも音楽の活動に向かえた子どもたちの姿には大きな価値があり，その前向きな心の積み重ねが音楽表現できる環境をつくっていくのです。

真　音楽の世界へのインビテーションですね。確かに，そういった子どもの心が前を向くような温かく楽しい環境や働きかけがあれば，音楽の授業がより楽しくなり，本活動そのものの質が変わってくるでしょうね。

智　ポイント１の実現においても，音楽が流れることに意味をもたせることで自ずとポイント２につながっていきます。例えば，「おちゃらか」などの手遊び歌で音楽を通して友達と触れ合ってほしい。さらにその触れ合いをいろいろな友達とできるようになってほしい。この「友達と触れ合う」というねらいがあれば，「おちゃらか」を何度も繰り返すことで音楽は教室空間の中で流れ続け，子どもたちはたくさんの友達と触れ合うことができるようになってきます。

真　こういった活動を繰り返すことで，友達同士で自然に話し合いができるようになったり，協働的な活動に取り組みやすくなったりするわけですね。それはポイント３に

もつながってきますね。

智　常時活動はただ毎回同じ活動を行うという捉え方ではなく，しっかりとしたねらいをもって活動することや本活動へのつながりを意識することが大切だと思います。それらが教師にあれば，ポイント３にもポイント４にもつなげていくことができます。大事なことは，常時活動にもちゃんと考えがあることなんです。そうすることで，本活動でポイント４の深い学びへと子どもたちを誘うことができます。

真　そう考えると常時活動から広がる学習は，まるで樹木のように様々な方向へ枝葉を伸ばすイメージか浮かびますね。

智　音楽の授業だからできることの基盤に，常時活動を生かしていきたいですね。その基盤を軸に広がっていく音楽活動は，まさに樹木の枝葉が様々な方向に伸びていくように多方面へ広がっていくと信じています。

ポイント５　常時活動で音楽活動の基盤をつくっていきましょう。

ポイント
1 まずは音楽がいつも流れる音楽教室を目指してみましょう。
2 友達と触れ合いが生まれる実践を考えてみましょう。
3 違いにこそ価値があることを子どもたちと共有しましょう。
4 音楽で思考が動き出す発問を考えてみましょう。
5 常時活動で音楽活動の基盤をつくっていきましょう。

実践者＆研究者の著書の意義（近藤より）

「子どもは（すごい）力をもっている！」という話になって，じゃあ具体的にどんな力？と考えました。

実践者（岩井先生）は真っ先に「子どもって純粋なんです，これはすごい！」と仰ったんです。研究者（近藤）としての私の頭は，人と関わる力，音を聴く力，想像力，創造力，遊びの能力など，先行研究に裏づけされる，子どもが生まれながらにしてもつ能力について頭をめぐらせていましたが…，「純粋」というのは思い浮かびませんでした。

子どもだから…なんとなく「あたりまえ」と思い込んでいたこと。また，「純粋」という概念があいまいすぎて，これまでの研究や論文であまり目にしたことがなかった言葉だったからかもしれません。少なくとも先生とお話ししたその時点では，私は「純粋」に関する文献はまだ見たことがなかったのです。

子どもと直に接し，真剣に関わり，日々を過ごしていらっしゃる先生には，この子どもの純粋さのパワー，本来もつ力の凄さが見えていらっしゃるんですね。岩井先生は「子どもは純粋です。それは大人にはまねできない素晴らしい力！」と仰っていました。私が現場の先生ってすごいなと思った瞬間でした。

研究者には見えづらい，ともすれば研究の中で見過ごしてしまいそうな，子どもの日々の何気ない姿，子どもらしさや，子どもならではの大切な能力をちゃんと見取って価値づけてあげることができる。そこから出発できる授業って素晴らしいと思います。

子どもにとって最適の教育を考えるとき，この研究者と実践者との共有・協働の視点は何よりも大切だと改めて感じました。

Contents

「常時活動」を位置づけた新授業プラン

4年

5年

6年

「常時活動」を
生かすための秘訣

音楽って楽しい！
わくわくを大前提に置く

「皆さんは最近わくわくしていますか？」

「わくわく」って感覚的な言葉に感じるかもしれませんが，不思議と元気が出てくる言葉ではないでしょうか。

私は，わくわくしたときに，

「こういうのやってみたい！」

「こんなことしたら面白いかな」

「こんなこともできるかも？」

など新しい発想が広がっていきます。

子どもたちには，そんなわくわく感をもって音楽室に来てほしいですね。

音楽が上手になるということよりも，まず音楽を楽しむということ，すなわちわくわくすることが大切です。だから音楽をやりたいし，音楽を学びたいと思うわけです。逆に言えば，「音を楽しむと書く」音楽は，楽しくなければ本来のよさを失ってしまうのです。ですから，音楽の活動はまず楽しくなければなりません。その方が，活動も豊かになります。

そして，楽しい，わくわくするような活動からこそ，主体的な学びに向かう力，すなわち，エージェンシーagency[1]が芽生え，そこから学ぶことや活動の質が格段にアップすると考えます。しつこいようですが，だからこそ，やはり常時活動においては「楽しい」ということが大前提にあるのです。

しかし，そこには教師の音楽的・教育的な「ねらい」もなくてはなりません。活動を常時積み重ねていくことで，少しずつ力がついて本活動がよりスムーズに流れるようになります。

それをすることで子どもが本来もつ，「音楽ってやっぱり楽しい！」という音楽への期待が裏切られることなく，活動に取り組んでいくことができるのではないでしょうか。

この先生の授業でなら歌いたい，つくりたい，学びたいという前向きな姿勢で，音楽の活動に取り組むことができるわくわくした空間を目指していきましょう。

1　主体的な学びに欠かせない，自ら進んでやろうとする様子。心理学の言葉で，そこには興味や関心から「やってみよう」という好奇心や，「できるかも」という気持ちや，ある程度の自信や自己存在感が必要だといわれている。文部科学省は「自ら考え，主体的に行動して，責任をもって社会変革を実現していく姿勢・意欲」と説明している。

焦りは禁物！
長いプランをもって取り組む

　常時活動とは，その名の通り常時的に行う活動です。常時活動を行ったからといってすぐに大きな成果が見えるわけではありません。時間をかけて少しずつ学びに向かう力や，知識，技能を積み重ねていくことが大切です。

　そう言いつつも，忙しい日々，実践を繰り返しているとどうしてもすぐに成果を出したくなってしまうのが人情というもの。

　だからこそ，常時活動では特に，短期的な成果にとらわれず，

一人でも小さな変化が見えたらいいな

というような心構えで取り組んでみてください。焦ってしまうと，どうしても教師の一方向的指導の側面が見えてしまいがちです。

　また，この活動をすると，ペア活動で「友達と仲よくなってくれるはず」などと，過剰に期待して活動してしまいがちです。そうなると，うまくいかないときに子どもを無駄に怒ってしまうことにもなりかねません。

　『アンガーマネジメント』[2]の著者，戸田久実氏によると，怒りというのは第2次感情であり，第1次感情には「不安」「困惑」「落胆」「悲しみ」などが潜んでいるようです。これは，子どもたちを教育するうえでも知っておきたい概念であるように思います。

　次のエピソードは，私があるワークショップで受けた質問です。

質問者「岩井先生のワークショップで知った常時活動が楽しかったので，学校でやってみました。すると，なかなかうまくいかず困ってしまいました。活動はやってくれるのですが，子どもたちがどんどん興奮してしまい，ペアでもめたり，収拾がつかなくなってしまったりして…」

岩　井「先生は，『楽しんでくれるはず』という前提で活動されましたか？」

質問者「はい。自分がやってみてとても楽しかったので，それを子どもたちにも味わってほしくて…」

　きっとワークショップの後にすぐに実践してくださったのだと思います。このような熱心な先生と出会えることはとてもうれしいのですが，「楽しんでくれるはず」という思い込みが焦りにつながってしまうことがあります。

2　戸田久実『アンガーマネジメント』，日本経済新聞出版，2020

焦ってしまうと次に「なんで？」という疑問がわいてきてしまい，「どうしてちゃんとやらないの！」と子どもを叱ってしまうことすらあり得ます。これでは常時活動でねらいたかったわくわく感からも離れていってしまいます。そこで，少し視点を変えた言葉がけを考えてみましょう。焦らなければこのような言葉がけが生まれてきませんか。

●活動がイメージ通りにいかなかった場合でも
　「やっぱり物事に全力で取り組むのって難しいことだよね。よし！　この力を少しずつこれから積み重ねていこうね」
●活動はするが隣の子ともめた場合
　「どうしてしっかり活動しているのにもめてしまったんだろう？」
　（「やりすぎた」「興奮しすぎた」「強く手を引っ張った」など）
　クラスの雰囲気にもよりますが，4，5月では比較的素直な返答が多いように感じます。
　「なるほど。楽しくなりすぎると何のコントロールができなくなるのかな？」
　（「心？」「気持ち？」など）
　「そっか。これは心の勉強でもあるんだね。心のコントロールをできるようになって楽しい活動を目指そうね」

　このように視点を変えて言葉がけすることで音楽活動を通した人間教育にもつながっていく可能性が出てきます。そこで，焦ってしまったときには，自分に「○○○はず！！」という思い込みがなかったかを，問いかけてみてはいかがでしょうか。
　確かに，少しずつ積み重ねていくことは，とても忍耐のいる作業です。だからこそ，焦らず長いプランをもって常時活動に取り組んでいくことがとても大切です。

　ここでは，楽しめるというのは，言葉で言うほど簡単な概念ではない，ということを知っておいてほしいです。どんなときに楽しいと感じるのでしょうか。
・活動の内容を理解している
・活動をやってみようとする心がある
・友達と触れ合うことができる
・活動に集中して取り組める
　まだ他にもあるかもしれませんが，すでにこれだけのことが必要であるとするなら，楽しむというのはとても難しいことになってきます。難しいことに取り組んでいると認識できれば，時間をかけて育もうと教師側にも余裕が生まれてきます。すると子どもへの声かけも変化してくるのではないでしょうか。

自由に表現できる空間へ！
教師が個を認める声かけをする

　子どもたちは遊ぶこと（play）が大好きです。

　なぜ遊ぶことが大好きなのでしょうか？

　まず，子どもが主体的に自由に過ごせるということが大きな魅力だと思いますが，間違えることを怖がる必要がないという点も実は大きなポイントなのです。遊びの中で，子どもは自由な発想からいろいろ試したり，つくったり，時間を忘れてそのモノに真剣に向き合います。そして，どんどん何かしら新しいものへと広げていくことができるのです。

　すなわち遊びは，

・間違いがない場

・間違いがよしとされる場

・リスクテイキング（Risk-taking）の場[3]

なのです。

　このリスクテイキングは，学校だからこそできる，学びの空間づくりにおいてとても重要なことです。

　さて，先ほど「わくわく」というキーワードに触れましたが，「音楽は楽しい！」と感じることができる心をもてることには，価値があるということを子どもたちに伝えていきましょう。なぜなら，低学年のように純粋で素直に楽しめる気持ちは年齢が上がるにつれて，だんだん難しくなってくるからです。

　例えば，高学年のクラスでは，人前で表現するなんて恥ずかしいといったような雰囲気が空間を支配してしまうと，「表現することはよくないのかな？」といった迷いが出てきて，前向きな心をもった子までもが，表現することに抵抗を感じ始めることがあります。

　そこで大切なことは，

「この友達とだったら歌える」

「このクラスでなら楽器を演奏できる」

「この音楽室でならみんなで音楽がつくれる」

といったように，どの子も安心して活動に向かえる，精神的に自由な空間づくりを日頃から心がけておくことです。

3　リスクテイキング（Risk-taking）：自分の意思でリスクを負って自分から行動する

その空間を実現するために，まずは個人を認め他者を尊重し合える学級文化を構築していきましょう。

　例えば，音楽に合わせて足踏みをしたり，拍に合わせて友達の肩をたたくなどの活動は単純ですが，拍を合わせる様子を視覚的に見ることができます。このように常時活動では，音楽を身体の動きで表現することで視覚・聴覚的に「合わせる」「認め合う」「共有する」活動になります。

●拍に合わせて肩たたき

（拍の途中で）
「みんな，一瞬そのままストップ!!」
「隣の友達の手が出ている？」
「これが出ていたら，その友達は活動に向かえている証だね」

●拍に合わせて足踏み

「自分の足を動かしながら，友達の足も動いているか見てみてね」
「もし友達の足も動いていたら，それはやる気の証だよ」

　そして，このような些細な価値づけの積み重ねで子どもは自信をもち，自由に自己表現できる空間が生まれてきます。その子にとって表現してもよい空間になるのです。

　また，教師が個を認める声かけができると，子ども同士でも仲間を認める雰囲気が広がっていきます。もし，子どもたち同士でマイナス発言が多く，一人ひとりが表現しにくい空間となっていたとしたら，まずは先生方の声かけから変えてみてください。

　子どもたちのエピソードで，次のようなこともありました。

C　先生，○○君の声がとてもきれいになっています。
C　先生も今度聴いてほめてあげてください。
T　ありがとう！　ぜひ聴いてみるね。

　私は，この言葉を聞いたときに，うれしい気持ちでいっぱいになりました。子どもたち同士で認め合える学級文化が構築されていると，教師にもしっかり友達のよさを伝えてくれるようになってくるんですね。

　そうなれば，自由に表現できる安心した空間は，「自分たちの学びの場」として子どもたち自身が広げていってくれるように思います。

協働のスピリッツ！
意見を言いやすい環境を整える

音楽の魅力の一つに，共有できることが挙げられます。

学校では，友達と一緒に音楽ができることこそが宝物です。一緒に歌う，一緒に演奏する，一緒につくる，一緒に笑う，そして，一緒に考えることで音や音楽を介して時間（トキ）と空間を共有した経験は本当に貴重で，1人で歌うのとは違う喜びや感動を味わうことができます。それが将来，その子が音楽を愛好し続ける心にもつながってくると思うのです。

ペアやグループ活動のよさは，こうした音楽を共有できることばかりではなく，教育的なよさもあります。なぜなら，子どもは本来，関わりの中で学び成長するからです。そして，そのとき子どもは一番輝くのです。教え込まれるのではなく，豊かな実経験の中で多様な人，考え，音楽と出会い，関わりを通して身につけていく感性，知性，技能こそ大切なのです。

そこでは，いつも子どもが主体です。そして，他者と対話しながら協働する力を養っていくのです。実は，音楽的コミュニケーション能力もこうした関わりの中で育まれていくのです。対話的・協働的な活動を本活動で効果的に生かすためにも，常時活動での様々なペアやグループでの活動を取り入れていきましょう。

学校には，実に様々な経験をもった子どもたちが集まってきます。特に音楽の場合，スタートラインが一人ひとりかなり異なったりします。例えば5年生では，楽譜を読んで鍵盤を弾くのが苦手な子もいれば，ピアノを習っていて初見で簡単に演奏できる子もいます。それにもかかわらず，授業は全員が同じスタート地点であるかのような想定で始まります。

ですから，気をつけなければいけないことは，子どもが人と比べるのではなく，自分ができるようになることにこだわり，クラスメイトができるようになることをサポートし合って学べる学級文化をつくることが必要になってきます。

そこでは，まず，一人ひとりの感じ方や考え方が違うことに気づき，その違いを尊重し合えること，そして意見やアイデアの違いから，お互いが学び合い，より豊かな音楽活動が生まれてくることを一人ひとりが自覚していなければなりません。そして，得意な子も不得意な子もそれぞれ自分なりの「できた！」を積み重ねていきましょう。

このように，クラスというコミュニティーのメンバー同士が思いやりをもって協力し，自分を大切にしつつ，他者も大切にして，仲間とともに音楽活動を発展させていく体験をし続けることが，本活動においての対話的・協働的で深い学びの軸となっていくでしょう。

Teachable Moment!
瞬間を捉えて発問を繰り出す

　授業を進めていく中で，子どもたちの様々な「瞬間」に遭遇します。

　子どもが学びに向かうようになった瞬間，友達と触れ合えるようになった瞬間，勇気が出た瞬間，技能を獲得した瞬間，教材にのめりこむ瞬間，学びが深まる瞬間など，これらの様々な「瞬間」を捉えて適切な声かけをすることが子どもの力を引き出し，それを生かすうえでとても重要です。

　常時活動では，その中でも学びに向かえる瞬間，友達と触れ合えるようになった瞬間，勇気が出た瞬間，技能を獲得した瞬間などに遭遇できる機会が多いように感じます。それに対して本活動では，教材にのめりこむ瞬間や，学びが深まる瞬間に多く出会えたらうれしく思います。

　これらを実現するために，特に大切なのが「発問」のしかたではないでしょうか。

　例えば，「私は○○だと思います」という意見が出たときに，「どうしてそう思ったの？」「どうしてそう言えるの？（What makes you say that?）」という発問を投げかけてみてはいかがでしょうか。この発問で，子どもたちは自分の言葉でその理由を一生懸命答えようとします。そこで考えるわけです。

　ロン・リチャートら（2015）[4]はこの言葉を「子どもが思考する魔法の言葉」と言っています。この発問は，教師が子どもを心から信頼していなければ出てこない発問だからです。発問そのものに「子どもへの信頼」が含まれているとも言えます。

　ですから，発問をされた子どもたちは「先生は自分のことを信頼している」と自覚できる発問でもあります。信頼は，子どもたちに勇気を与え，自信をもって発言するようになります。その瞬間に子どもたちはさらに輝き始めます。

　そこで瞬間を捉えるために，日頃から，

子どもが行動したことには何か意味がある

という見方を大切にしてみてください。

　そうすることで，子どもの様々な変化（学び）の瞬間が目に入ってくるはずです。それは，子どもを信頼しているからこそ見えてくる姿であり，一人ひとりの可能性にも目が向いていくようになります。

4　R.リチャート，M.チャーチ，K.モリソン著／黒上晴夫，小島亜華里訳『子どもの思考が見える21のルーチン：アクティブな学びをつくる』，北大路書房，2015

例えば，「クロック・オーケストラ」という実践で声を使った常時活動を行いました。クロック・オーケストラとは，文字盤のついた時計の絵に自由に音楽を考えて複数パートの図形楽譜を書き込み，アナログ時計の秒針を指揮者として1分間で活動できる汎用性の高い実践です（近藤，2018）[5]。

このときは，30秒ずつで高いド，低いドを伸ばして歌うことになりました。かなり長いので楽しみながらも必死に伸ばしていました。すると，もう一ついろいろな音を短く歌って重ねようという案が出ました。

「どうしてそう思ったの？（What makes you say that?）」と聞くと，1人の子が「一音が長いから短い音で重ねてみたくなった」と発言しました。さらに選んだ音はドソミドだったので，「どうしてその音を選んだの？」と聞くと，子どもは「Ⅰの和音で選びました」と答えてくれました。

子どもたちの様々な瞬間を捉えて発問することで，思いつきからその子なりの「こだわり」へとつながっていることが確認でき，より学びが深まっていることを実感することができた出来事でした。

〈エピソード〉

例えば，グループ活動で，40人のクラスを6人ずつのグループに分かれて座るように指示すると，ピッタリ分かれることができません。すると，子どもたちの中に6人グループができても，なかなか座らない子どもたちが出てきます。

そこで「どうして座らないの？」と聞くと，「だって，このクラスは6人じゃ割り切れないからどうしようかと思って」というような答えが返ってきます。「なるほど。だったら工夫がいるね」と投げかけると，子どもたちは，6人グループを5つと10人グループを1つつくりました。

「もう少し6人にこだわったグループできないかな？」

この言葉かけで，子どもたちは10人グループを2つに分けて5人グループを2つつくったりします。グループをつくる過程においてでさえも子どもたちは考え，配慮し，行動していることがよくわかります。だからこそ教師は，子どもたちを信頼し，子どもの思考を活性化する発問を重ね続けていくことが大切だと思います。

何より，このような体験を常時活動で積み重ねているからこそ，本活動で学びが深まる瞬間に出会えるように思います。

5　近藤真子『教員養成課程における実践的指導力の育成に向けて―音楽づくりの実践：「クロック・オーケストラ」』，「教育学部紀要」文教大学教育学部第52集，pp.203-212，2018

信頼関係の強化！
子どもの様々なアイデアを取り入れる

常時活動で，子どもの内なる声が聞こえたら…。

常時活動は，子どもたちに寄り添うためにもあると思うのです。音楽が得意でない子も声を出せた。動けた。

誰もが参加できる活動の中で，子どもの実態を汲み取り，温かく支援することは，子どもたちとの信頼関係をより強くしていくことにもつながります。

一人の子どもが「こうしたら面白い！」などのアイデアを出してきたら，それを常時活動に取り入れてアレンジバージョンの常時活動をやってみようといった流れも可能です。子どものアイデアを常時活動の中に入れて，見方や考え方を広げ，みんなの常時活動をつくっていくこともできるでしょう。

例えば，拍打ちから始まって，「ター，♪」や，あと打ち，その混合バージョンでリズム遊びをします。A君が「足でリズムをとってみようよ！」というアイデアを出してきたとしましょう。

「じゃあ，試してみよう！」ということで，今度は全員立って足で同じリズム「ター，♪」で動きます。

できるようになったら，「他にアイデアある？」とさらに複雑なリズムに挑戦していきます。

そのうち「タッカ」のリズムがスキップのリズムだと気づいたりすることもあります。

子どもの様々なアイデアを取り入れながら，子どもの生活の中のリズムとつなげたり，自分たちの常時活動をつくったりすることも楽しいです。

心がけてほしいことの一つは，

それぞれの子どもたちのよいところを見取り，認め，励まし，価値づける

ということです。

何がよかったかを具体的に伝えた子に，クラスの中から自然に拍手がわいてきたりすることもあります。そこに一人ひとりの子どもの個性や創造性を認め合える学級文化が生まれてきます。

子どもによっては，自分には気づいていなかったことを褒められたことに当惑する子もいたりしますが，褒められることはやっぱりうれしいものです。ですから，常時活動では，子ども

の自尊心を高めるというのも大切に考えていきたいですね。

　さらに，安心して活動できる空間の中では，子どもは自分の得意とすることや，個性を自由に表現することができます。

　そのため逆に教師は，常時活動の中で子どもの音楽的理解やもち合わせている知識・技能，その子の個性や興味，関心の所在を知ることもできます。それは，教師側としてはありがたいことです。なぜなら，子どもの実態をより具体的に把握することで，効果的な本活動の授業展開をイメージすることができるからです。

　私は，本活動に入る前に，本時のねらいに合わせてクラスが慣れ親しんだ常時活動のいくつかをやってみることにしています。

　それは本活動で，子どもたち自身が協力して取り組めるための下準備「グランドワーク」[6]にもなります。その時間をつくることで，子どもたちの活動の幅が広がり，本活動の質が向上していきます。

　こうした，常時活動から本活動への自然な流れの中で，子どもたちは活動に自信をもって取り組み，振り返りや「できた！」の積み重ねを経験しながら，学びを深めていくことができるのだと思います。

6　筆者（近藤）がアメリカでの長年の実践において，「子供たちが自らの力で主体的に活動に取り組むための土壌づくり」の活動をグランドワーク（Groundworks that enables）と呼んでいました。グループワークや問題解決学習など，仲間同士が対話しながら協働してつくりあげる音楽活動には不可欠なものです。このグランドワークにより，学習プロセスでの音楽的理解共有（shared musical understanding）の質や学習の深まりが変わってくるといっても過言ではないでしょう。子ども自らが取り組める本活動の土台となる活動だと考えてください。

Minds-on!
本活動も視野に入れて活動する

　音楽の授業では，生徒が喜ぶ楽しい活動を目指すあまり，学びの目的が何だったのかがあいまいになってしまうことが往々にしてあるのではないでしょうか。

　ハンズオン（Hands-on：体験的，実践的な学び）の楽しいアクティビティも大切ですが，そこに子どもが思考する場面，マインズオン（Minds-on：頭を使って考える）をつくることで，子どもの音楽を学ぶ力を育てることができます。

　それが，学習指導要領にも示された，生きた学習なのではないでしょうか。音楽を楽しみ，クラスの仲間と意見を交わし，一緒に考えることの面白さを感じたり，音楽の理解をさらに深めたりすることができる本活動を実現させるためには，本活動を視野に入れ，日頃の常時活動を行っておくことが大切でしょう。

　例えば，基礎を築くタイプの常時活動「グランドワーク」を行っておくことで，本活動では，子どもが学びを深めるために必要な時間を生み出すことができます。

　これは歌唱共通教材「もみじ」の実践例です。「もみじ」は，途中3度で音が重なるフレーズが出てきます。子どもたちは日頃行っている常時活動の経験と結びつけながら，「もみじ」の3度のハーモニーの美しさを味わうことができるでしょう。

　日頃常時活動において，3度や5度のハーモニーを歌う遊びを繰り返し行ってきた子どもたちにとって，3度でハモることは楽しく遊び感覚でやってのけることができるのです。そのおかげで，ここで3度のハーモニーの練習に本活動のほとんどの時間を費やすことなく，活動が深まる次のような発問を投げかけることができます。

　「じゃあ，なぜここで3度のハーモニーを使ったんだろう？」

　子どもたちは，前半の輪唱風の部分と，その後の音の流れや，歌詞などと関連づけながら，作曲者／編曲者の意図を探っていこうとします。

　そこでは，真剣に考え，

　「メロディーを追っかけっこしていたのに，ここで仲よくなった感じを出したかった」

　「色が違う紅葉が重なった様子を音で表したかった」

など実に様々な意見がかわされます。

　これこそが，思考が深まる瞬間です。この瞬間は，子どもたちにとって，音や音楽で仲間と一緒に考える喜びやうれしい経験の一つとなっていくようです。だから，この思考が深まる感覚を味わった子どもは，音楽で表現することと音楽で思考することをセットで考えるようになり，音楽を学ぶことの虜になるでしょう。

音楽は楽しい，音楽のことをもっと知りたい，学ぶのは楽しいということになるわけです。それは，子どもたちが一生音楽を愛し続ける心に結びついてくるでしょう。そうなれば，子どもにとって学校の音楽科授業の価値や意味がより大きくなります。

これまでも述べてきましたが，常時活動は長期的に成果をねらっていく活動です。少しずつの積み重ねだからこそ，じんわりと子どもたちの体の中に力が蓄積されていきます。そして，その蓄積された力は，ある日大きな力となって目に見えてきます。それはまるで魔法にかけられたような感覚です。

ではここで，常時活動によって子どもたちが変化していったエピソードを，4つ紹介したいと思います。

〈自然にグループができるようになった編〉

私が初めてもった5年生のクラスの話です。

4月にアルプス一万尺のペア活動を行いました。すると1人の男の子が「女子とやるの気持ち悪い」と言いました。ペア活動の経験があまりないと，このような発言が出るのは自然なことです。

その後，「友達の肩をトントントン」という活動を行いました。これは拍に合わせて友達の肩をトントンする単純な活動です。その男の子は，トントンしようとまず手を出しました。そして，隣の女の子の肩を優しくたたけるようになってきました。次第にトントンの相手は両隣から前後や周りの友達へ広がっていきます。

このように，単純な活動であってもねらいによっては大きな成果につながっていきます。

肩トントン活動の魅力は，

① 全員が前を向いたままできる
② 触れ合いのハードルが低い
③ 自分がやらなくても，友達が肩をたたいてくれる
④ 友達に肩をたたいてもらったときに，自分のやる気スイッチが入る

などが挙げられます。

そういった常時活動を繰り返し続けた11月に，そのクラスで外部に向けた公開授業を行いました。そのときには，クラス全員がたくさんのペア活動に取り組め，最後はクラス全員で手をつないで円をつくって歌い上げることもできるようになりました。

この授業を参観された先生方からは，「ペアやグループ活動が得意なクラスなんですね」というお言葉をいただきました。4月の時点では，グループ活動が得意なクラスではありませんでした。しかし，11月には常時活動による魔法がかかっていたのです。

〈響きのある歌声が身についた編〉

　高学年になってくると「響きのある歌い方」という項目が出てきます。それは，高音域であったり，心地よいハーモニーを生み出したりするためには必要な技能です。

　しかし，本活動で突然「響きのある声を出して」と指示してしまっては，子どもたちはとまどうか，もしくはやりたくない方向に向かってしまうこともあります。実際に子どもたちから「なんでそんな声で歌わなきゃいけないの？」と言われたこともあります。だからこそ，常時活動では様々な声で遊んでおくことが大切です。

　高学年での活動を見据えて，３年生くらいから，いろいろな声で遊ぶことをお勧めします。例えば，「おなかの体操」というとても短い教材があります。これを半音ずつ上げて歌っていきます。すると子どもたちは，ある高さからしゃべり声ではない声を使い始めます。

Ｔ　どうしてその声使ったの？
Ｃ　だってしゃべり声じゃ出ないから。

　このような会話の中で，声にはいろいろな音色があることを体験的に学びます。すると子どもたちは，次第に響きのある歌声で声遊びをするようになります。そのような常時活動を繰り返す中で，「翼をください」などの歌唱教材を扱ったとき，子どもたちは自然に響きのある歌声で歌い始めました。

　常時的に様々な声で遊んでいたことで，子どもたちは歌いやすい心地よい声を無意識に選んで歌ったのです。これも常時活動の魔法を感じる瞬間でした。

〈楽譜が読めるようになった編〉

　常時活動ではリズム活動も有効です。そして，リズム活動を譜読み（読譜力）につなげていくことも重要になってきます。

　例えば，わらべうたなど簡単な曲を歌えるようになったら，リズム譜を板書します。歌えるようになった曲であれば，リズム譜があっても感覚的に手拍子などできると思います。「じゃあ，このリズム譜をいろいろ変えてみるね」と伝えます。

　私は，♩を「ター」，♪を「ティ」，♩二分音符を「ターアー」，♪を「スン」，♫♫（4つ）を「カクカク」，♪・♩・♪のセットを「シンコーペ」と呼んでいます。

　これは，ハンガリーに教育視察へ行ったときにコダーイ小学校で使われていた読み方です。カクカクは私が少しアレンジしたものですがこれらの読み方を使ってリズム遊びを行います。

　「いろいろ順番変えても読めるかな？」や，ターはティティと読む，ティティはターと読むなどの「リズム読み替え遊び」や，どれか一つのリズムになりきる「なりきり遊び」などを常時的に行います。すると，音楽会などで扱う合奏曲のときに子どもたちが「このカクカクのあ

たりのリズムがまだはっきりわかっていません」と質問してきました。

T　この，カクカクの後はティターティ（♪ ♩♪）だから確かに少しやりにくいよね。
C　なるほど，シンコーペだからやりにくいんだ。ちょっと練習してみます。

　このような他愛もない会話ですが，私は素敵な会話だと思うのです。なぜなら，ただ「リズムがわからない」という質問ではなく，理解している音符と理解していない音符が伝わってくる会話だったからです。
　このように楽譜を理解して会話が進んでいる瞬間にも常時活動の魔法を感じるのです。

〈子どもは指導者を超える編〉

　6年生のクラスで，クラス目標を話し合ったときのことです。クラス全員の意見を尊重してたくさんの案を出し合い，その案は全部で400くらい出てきました。
　その後，子どもたちは子どもたち同士で思考を働かせ，途中煮詰まりながらも全員で考え抜き，その中から4つに絞り込み満場一致で目標が決まりました。その空間は達成感で満ちあふれた誇らしいものでした。
　そこでは，子どもたちが対話しながら，学びを深めていける発問や，適切なスキャフォールディングscaffolding（足場かけ）[7]が必要でした。そういった働きかけによって子どもは自分たちが活かされる環境の中で本来もつ力を発揮し，教師の想像をはるかに超えて成長していくのです。
　このときの教師の役割は，ファシリテーターfacilitator（案内人）として意見交換ができる環境をつくり，子どもたちを支援することでした。途中何度も声をかけたくなりましたが，そこで私が入っていたら，このような結末は迎えてなかったと思います。実際に子どもたちは自分たちの力で，私が想像していた以上の決め方を見せてくれました。
　この出来事は，「子どもはすごい！」「子どもを信じてよかった！」と思える例の一つとして私の心の中に刻まれています。音楽活動をしている中でも子どもたちは教師の発想を超える質問を投げかけてくれます。きっとその子どもがもつ本来の力は，常時活動などで日々積み重ねていくことでさらに伸びていくのではないでしょうか。
　ぜひ，子どもの力を心から信じて実践を考えていきましょう。そうすることで，きっとみなさんも様々な魔法に遭遇すると思います！

7　学習者が新しいスキル，概念理解を身につけ成長していこうとするときの一時的で体系的な支援であり，答え（what）を教えるだけではなくどうする（how）を考えることで学習者の自立を促す。

本書の使い方

　本書は，歌唱・器楽・音楽づくり・鑑賞の各分野の実践を学年ごとに紹介しています。その中で各授業アイデアに常時活動の位置づけを記載しています。これはそれぞれの本時でのねらいとつながっている活動です。

　授業実践はどれも，子どもたちが「授業が楽しい！」と感じてくれるように遊び心いっぱいのアイデアを盛り込みました。授業の流れは「本時の指導案」とし３つのSTEPに分けて提示しています。これらは必ずしも１コマの授業内にすべてをやらなければならないものではありません。子どもの実態に合わせて，２コマや３コマに分けるなど，それぞれのペースで実践していただけたらと思います。

　STEPの進め方として実際の授業の雰囲気をより具体的に感じていただくために，発問や言葉かけの例なども紹介してあります。ぜひ参考にしていただきながら，子どもたちとの関わりの中でどんどん変えていってくださいね。

〈心の解放とグランドワークとしての常時活動〉

　本書の常時活動は，子どもたち一人ひとりが心を解放し音楽表現に安心して向かうことができる空間づくりの構築，と同時に，本活動において子どもたちが主体的，対話的で深い学びをするために必要な，下準備となる大切な活動でもあると捉えています。グランドワークで，基本的知識や技能を共有したり，めあてや目指すゴールを子どもたちの中で明確にしたりすることで，自分たちの力で問題を見つけ，課題を解決していくことができる力にもつながっていきます。

　このように常時活動を両観点（心の解放＆グランドワーク）から捉えることにより，新しいレンズで授業づくりをしていくことで予測不可能な未来を生きぬいていく子どもたちに必要な学びが実現できてくるように思います。

　子どもたちが常時活動を通して心を開放し，グランドワークを広げて本活動がより豊かな時間になっていくことを目指していきましょう。

「常時活動」を位置づけた新授業プラン

みんなで拍にのって遊ぼう！

教材名　かたつむり（文部省唱歌）

本時のねらい

　この教材では，なじみやすい旋律と歌詞で拍を感じていきます。歌って楽しみながら拍を感じることで，友達と声や楽器を合わせていく合奏などの活動へもつなげていきたいです。

常時活動の位置づけ

　本時の活動につなげていくにあたり，常時活動を通して拍を使っていろいろ遊んでいきたいと思います。常時活動を通して楽しみながら拍に触れていることで，本時の活動がよりスムーズに進んでいきます。拍の活動は身体表現などにもつなげやすいので常時活動を考えるのに適しています。

　また，常時活動では，「音楽の授業って楽しい」と子どもが思ってくれるようなイメージづくりも大切にしていきたいです。簡単な活動であるからこそ子どもたちの活動に向かう様子も見つけやすく，一人ひとりへの声かけも広がっていくと思います。ぜひ，常時活動を通して笑顔があふれる空間を目指してみてください。

本時の指導案

過程	○学習内容　・学習活動　〔共通事項〕	◇教師の働きかけ　◆具体の評価規準
STEP1	○「拍に合わせて自分の肩をトントントン」をする〔拍の流れ〕（常時活動）。 ・まずは，拍がわかりやすい小物楽器などを使って拍に合わせて足踏みしてみる。 ・次に，ウッドブロックのような2つの音が出る楽器を使って拍に合わせて歩く。音が変わったら歩く方向を変える。最後は1拍単位で変えてみる。	◇子どもたちが拍に合わせて足踏みできたらしっかり音を聴いていることに価値づけしてあげましょう。 ◇音の違いを子どもたちがわかるような活動も大切にしましょう。 ◇1拍単位で反応している子どもは音の違いの捉え方の素晴らしさを伝えてあげましょう。

	・最後は拍に合わせて8（右肩）×8（左肩），4×4，2×2，1×1＋足踏み＋手拍子という流れで自分の肩をたたきながら拍で遊ぶ。	◇速度を変えていくと活動がアクティブになっていくと思います。 ◆拍と動きが合っているか。【知技，態度】
STEP2	○「かたつむり」の歌に合わせて拍の足踏みをする〔拍の流れ〕。 ・はじめは耳から入ってくる旋律を聴いて拍に合わせて足踏みをする。慣れてきたら歌いながら足踏みしてみる。 ・休符の部分では手拍子も入れる。 ○「かたつむり」の旋律を聴いて拍に合わせて歩いてみる〔旋律〕。 ・足踏みから実際に歩いてみることで拍の進みを感じる。休符では友達とグータッチ。 ・いろいろ速度を変えてやってみる。	◇拍で足踏みをすることで子どもたちに動きが出て何度か旋律を聴くことができます。テンポを変える活動はここでも授業に生かしていきましょう。 ◇歩くときは拍に合わせて歩くことが大きなポイントです。しっかり拍に合わせて歩けている子どもに焦点を当てて声かけしましょう。 ◆休符がしっかり理解できているか。【知】
STEP3	○友達とペアで拍に合わせて肩たたきゲームをする。 1．ペアで拍に合わせてグータッチしながら歌う。休符は手拍子。 　♪でんでんむしむし　かたつむり 　　おまえのあたまは　どこにある 　　つのだせ　やりだせ　あたまだせ ・「あたま」の部分を教師が歌詞を変えて声かけする。 例：教師「背中」 　教師が言った部分をペアで先に触れた方が勝ち。負けた方は続きの歌で拍に合わせて，勝った友達の肩たたき。 2．歩きながらペアを探して肩たたきゲームをする。 ・はじめの8拍（でんでん〜かたつむり）で歩きながらゲームを行う友達を探す。ペアができたら止まって拍に合わせてグータッチをしておく。	◇拍に合わせてゲーム性の伴う活動は，子どもたちが授業に前向きになってくれる実践として有効です。ぜひ，教材の最後は子どもたちが楽しく終われる要素も入れてみましょう。 ◇子どもたちが楽しく触れ合いながらも拍に合わせて活動できているかどうかはよく観察しましょう。 ◇ゲームがしっかりできている＝よく教師の声が聴けていることもしっかり伝えていきましょう。 ◇「友達が見つからないときは透明人間とやってみるのもありだからね」とペアが見つからなかったときの対応も入れておきましょう。 ◆拍に合わせて活動に取り組めているか。 　　　　　　　　　　　　　　　　【知技，態度】

○ 授業の流れと発問・声かけの具体例

【STEP1】

★拍に合わせて足踏みをする

T　みんな，この音に合わせて足踏みできるかなー？

C　できるー!!

　このときに自分からやってみようと思える発問を心がけましょう。

T　じゃあ，やってみるよー。

　いろいろな速度で行うことで，低学年の子どもたちはより前向きに活動に取り組んでくれます。

★ウッドブロックに合わせて歩く

T　みんな，この2つの音の違いわかるかな？　音が変わったと思ったら手を挙げてね。

　歩く前に2つの音の違いがわかるような活動を入れましょう。どちらか1つの音を基本の音として，その音が変わったら手を挙げる，元の音に戻ったら手を下げるといった流れで活動します。

T　よし，じゃあこの音に合わせて歩いてみよう。音が変わったら歩く方向を変えてみてね。

　歩く活動は子どもたちが大好きです。楽しみやすいからこそ，子どもたちがよく音を聴いているかを大切に活動しましょう。また，席に戻ってくる合図などを決めてから動く活動に入るとスムーズな授業展開につながっていきます。

【STEP2】

★「かたつむり」で拍に合わせて足踏みをする

T　「かたつむり」の歌に合わせても足踏みできるかな？

C　できるよー。

T　じゃあ，しっかりこの曲の拍を探してみてね。

　足踏みをすることで，子どもたちが飽きずに何度も旋律を聴くことができます。その中で，自然に旋律にも親しむことができるので，少しずつ歌も習得していきます。歌えるようになってきたら，歌いながら足踏みに進みます。

T　この曲には休符（スン）があるんだけど，どこにあるかわかるかな？　わかる人は休符のときに手拍子してみてね。

　私は四分休符を「スン」と呼んでいます。ここでは四分休符の記号も教えましょう。休符がわかってきたら，休符で友達とグータッチするなど友達との関わり合いも入れてみましょう。

★拍に合わせて歩きながら友達と触れ合う

T　みんなしっかり拍がわかってきたから実際に歩いてみよう！

C　やったー!!

T　歩きながら聴くのって結構難しいよ。できる??

C　できる!!

T　よし。じゃあ拍がわかってきたから，歩く前にもう一回拍に合わせて，座ったまま足踏み
　　してみてね。

　　適当に和音などを刻んで聴かせましょう。

T　ではスタート!!

　　途中，音を止めたりもしてみましょう。

T　おーー!　よく止まったね!!　よく音を聴けている証だよ。

T　休符のところでは友達とグータッチしようね。

【STEP3】

★肩たたきゲームをする

T　最後は，「かたつむり」で肩たたきゲームをするよ!　歌詞の中で「あたま」の部分を先
　　生が歌詞を変えるから，先生の言った身体の部分をペアで先に触れた方が勝ち。負けた人
　　は勝った人の肩を拍に合わせて優しくたたいてね。

　　肩たたきをするときに「優しく」というのはポイントです。子どもたちは手加減なくやって
しまうことがあるので丁寧に声かけしましょう。「相手が気持ちよい力だった人?」などの発
問でもよいかと思います。

T　では，始めてみるよー!　せーの。

C　♪でんでんむしむし　かたつむり　おまえの

T　背中!!

C　わーーーー!!

C　♪どこにある　つのだせ　やりだせ　あたまだせ（拍に合わせて肩たたき）

★新しいペアとゲームをする

T　次はペアも変えてみようか?　いろいろなお友達ともできるかなー?

T　最初の8拍でゲームをやるお友達を探して，見つかったら止まってグータッチをしよう。
　　もし動いている人は，まだ友達がいないということだからよく探してみてね。

T　どうしても見つからなかったら，透明人間とやるのもありだよー。

　　ペアを変えることで，さらに新鮮に活動に取り組むことができます。低学年のうちから，友
達と一緒に活動することに慣れておくことは大切です。音楽の授業から友達との関わり合いを
よくして，クラスの雰囲気を向上させていきましょう。

　　楽しく遊んで拍感を身につけていきましょう。

様子を思い浮かべて演奏しよう！

教材名 きらきら星（フランス民謡）

本時のねらい

　この教材では，なじみやすい歌唱教材を通して歌詞から受ける印象と旋律の美しさを結びつけて音楽的思考を広げていきます。

　そして，息の強さで表現を変えることができる鍵盤ハーモニカの活動で表現を考えていきます。

常時活動の位置づけ

　この教材では，音の高低によるアプローチを大切にして，子どもの思考を広げて器楽活動での表現へつなげていきたいです。音の高さを理解することは，表現を深めていくうえで大変重要な知識及び技能の一つです。低学年からそのような概念をもって活動していくことで，表現することへの思考が広がっていきます。

　また，感覚的だけではない音楽的な特徴にもとづいた思考を育てることは，音楽の中で「Way？（なぜ？）」をつくるきっかけとなり，自分たちで表現を深めていく習慣の一つとなっていきます。音楽の中に自分から「なぜ？」をもてることはとても大切です。

　そのために常時活動では，音の高さに関係する活動を取り入れます。常時活動では，ゲーム感覚で楽しみながら音の高さがわかっていく活動を実践していきましょう。

本時の指導案

過程	○学習内容　・学習活動　〔共通事項〕	◇教師の働きかけ　◆具体の評価規準
STEP1	○「音の高さで身体活動」をする〔旋律（音の高低）〕（常時活動）。 ・「きらきら星」のはじめのフレーズに出てくるドからソの跳躍を使って身体を動かす。 →ドが聴こえてきたら座る。ソが聴こえてきたら立つ。途中テンポを変えるなどしてゲーム	◇単純な遊びですが，音程感覚を養うとともに身体的な活動を伴うことで楽しみながら音の高低に触れることができます。 ◇子どもたちはテンポを変えると笑顔であふれてきます。そのときに，どうして楽しくなったのか聞いてみましょう。きっと速度に触れ

	性を大切にする〔速度〕。 ・次は，ドからソの間の音（レミファ）も入れて活動の幅を広げる。 例：ド→ファ 　　　ド→ミ 　　　ド→ラ 　　　ソ→レ 　　　ソ→ミ　　　　など（p.37イラスト参照）	る子どもが出てくると思います。 ◇ここで動きを少し変化させた子どもをしっかり探しましょう。その変化に迫ることで音の高さが変わったなど高さのことを話しだす子どもがいるので，しっかり子どもの意見を取り上げましょう。 ◇ラの音はそれぞれ動きを自分で考えてもらいましょう。 ◆音の高さに合わせて動けているか。【知技, 態度】
STEP2	○「きらきら星」を歌う〔旋律〕。 ・歌詞で歌う。 ・教科書の階名に沿って階名唱をする。 ・階名唱に合わせて身体表現をする。 ○友達とペアになって音の高さによってポーズが同じか一緒にやってみる。 ・ラの音のときの動きは相手がどんなポーズだったかしっかり覚えるようにする。 ○鍵盤ハーモニカで演奏してみる。 ・1本指で演奏する。 ・5本の指を使って演奏する。 ・指使いを工夫する。 ・指番号でも歌ってみる。 例： ♪1144554　4433221 　5544332　5544332 　1144554　4433221	◇身体表現で視覚的にも音の高さを確認できるようにします。 ◇器楽演奏においては階名唱が重要になってくるので，その時間を大切にしましょう。 ◇ラの音のときの動きに着目します。子どもたちはそれぞれにラの動きを考えると思います。ラの音は常時活動でそれぞれポーズをとっていると思うので，いろいろなポーズを楽しみましょう。 ◆ラの高さに合わせて動きを考えているか。 【思・判・表】 ◇1本指より全ての指を使った方が，効率的である感覚も味わわせましょう。 ◇これらは，子どもによって違ってもよいでしょう。自分が弾きやすい指使いを探してみます。例えば，始まりの部分では「1155554」の子がいてもよいでしょう。 ◆自分にとって表現しやすい運指を考えているか。【思・判・表】 ◆スムーズに演奏できているか。【知技】
STEP3	○表現に想いをもつ〔旋律，拍の流れやフレーズ〕。 ・冒頭の跳躍「ド→ソ」に着目する。 ・始まりからこんなに音が跳躍する理由を考えてみる。 例： 「星がとてもきれいで感動した様子」 「星がいろいろな場所で光っているから」 ・このような想いをもって音を大切に演奏できるようにする。	◇子どもにわかりやすいポイントを決めて思考を促進してみましょう。跳躍に幅があるときは音楽的に意味がある場合が多く，子どもにもわかりやすいこの場合は「ABA」の「A」部分の跳躍に着目します。 ◆旋律の特徴からイメージが広げられているか。 【思・判・表】 ◇音楽的なポイントを軸に表現につなげていく習慣を低学年からつくっていくことで，ただ演奏するといった技能だけに傾く表現から，思考・判断・表現へとつながっていきます。

∘ 授業の流れと発問・声かけの具体例

【STEP1】

★音の高さで身体活動をする

T　この２つの音の違いわかるかな？　音が変わったら手を挙げてね。

　ずっとドの音を出しておきます。途中ソを入れてみます。

C　（ソのとき手を挙げる）

T　おっ!!　みんなわかっているねー。どんなふうに変わった？

C　音が高くなったー！

T　そうそう。さすがよく聴いているね。じゃあ次は音が高くなったら立ってね。

　少しずつ身体活動を大きくしていきましょう。

　また，突然ミなども入れてみてください。子どもたちはとまどうと思います。

T　どうしてとまどったの？

C　なんか音が違う！

T　音の何が違う？

C　高さー。

T　なるほど。それもしっかりわかるんだねー!!

T　じゃあ，それぞれの音の高さに合わせて立つまでの間でポーズを止めてみてね。

　いろいろな速度でやってみることで，低学年の子どもたちはより前向きに活動に取り組んでくれます。

【STEP2】

T　みんないろいろな音の高さでポーズがとれるようになったね！

T　今度は友達と向き合ってポーズをつけて一緒にやってみよう。ラのポーズはそれぞれ違うかもしれないから楽しみだなー。

　旋律に合わせて動きを見合って歌いましょう。

T　相手のラのポーズわかった？

T　次はラだけ自分と相手のポーズを変えてみよう。できるかな??

C　できる!!

　他者との関わり合いを大切にしましょう。

T　（歌った後）じゃあ，その高さの違いを生かして鍵盤ハーモニカをやってみよう！

T　何本の指を使って弾けるかなー？　自分が弾きやすい指を探してみてね。指に番号をつけよう。

　手を出して親指から１，２，３，４，５と伝えましょう。

　　教師は机間指導をしながら難しそうな子どもの支援をします。

T　じゃあ，「きらきら星」の旋律に指番号をのせて歌ってみよう。

C　♪1144554…。

C　♪1155554…。

C　♪222222…。

T　その指がしっかり動くか自分の手と手を合わせてやってみよう。

　　その後，演奏して楽器に慣れていきましょう。

【STEP3】

T　この曲の始まりって音がドからソでとっても離れるね。どうしてこの曲をつくった人は，

　　始まりでこんなに音をとばしたんだろうねー。最初の部分ね。

C　星がきれいで感動した心の動き。

T　なるほどー！　感動を表現かー。素敵だね。

　　低学年はたくさんの発想があるので，いろいろな想いを聞きましょう。

T　じゃあ，その部分を，それぞれの想いが音に表現できるように演奏してみようね。

　　きっと息の量が変わり，音の大きさに反映される子どもが出てくると思います。それこそが
想いからの表現であると伝えましょう。

T　もう1か所同じ旋律があるね？

C　最後の部分ー。

T　そうそう！　その部分にも表現を生かそうね！！

Copy Cat Song まねっこで歌をつくろう！

教材名 なし

○ 本時のねらい

　低学年の子どもはまねっこ大好き。模倣はコミュニケーションの一つでもあります。

　「やまびこごっこ」の歌唱で，旋律を呼びかけ合う面白さを味わった後，本時ではやまびこのしくみを用いて音楽づくりを楽しみましょう。お互いに音をよく聴き合って，呼びかけとこたえやまねっこ＝反復の面白さを感じながらつくりましょう。

　呼びかけ側とこたえる側の声を工夫したり，それぞれの「テーマ」や「思い」に合った表現を工夫したりしてつくることも大切です。

○ 常時活動の位置づけ

　子どもたちは，「ごっこ遊び」が大好きです。やまびこになったつもりで先生や友達のリズムや声をまねする音楽遊びは，

・聴く

・見る

・反応する

という要素が入った楽しい遊びです。

　そして，比較的自然に行える常時活動ではないでしょうか。

　まずは，教師の呼びかけに，子どもたちがやまびこのようにこたえます。

　次に，リーダーの呼びかけに，やまびこでこたえます。

　言葉の模倣に慣れてきたら，言葉に抑揚をつけた簡単なメロディーの模倣へと変化させていきましょう。その活動を列ごとやグループ，子どもたち同士のペアでも行いながら，様々なバリエーションでの言葉のフレーズ遊びをします。

　いろいろな言葉やフレーズが，まねっこ遊びの中で出てくるでしょう。こうした即興的に声でつくる常時活動を生かして，本時の音楽づくりに挑戦しましょう！

∘ 本時の指導案

過程	○学習内容　・学習活動〔共通事項〕	◇教師の働きかけ　◆具体の評価規準
STEP1	○「やまびこ遊び」をする〔呼びかけとこたえ，反復〕（常時活動）。 ・教師の呼びかけに，子どもたちはやまびこのようにこたえる。 ・慣れてきたら言葉に抑揚をつけて呼びかけます。 ・リーダーを順番に交代しながら同じように行う。 ・ペアで「やまびこ遊び」をする。 ・慣れてきたら，「あまのじゃくやまびこ（反対をするやまびこ）遊び」をする。強弱（強いと弱い）・速度（速いとゆっくり）・高低（高い声と低い声）など，相手と逆にする遊びもやってみる。	◇「やまびこごっこ」の歌唱から自然な流れで行います。子どもたちに呼びかけ，子どもたちがやまびこになったつもりで応答できる楽しい雰囲気をつくりましょう。 ◇徐々に言葉に大げさなくらいの抑揚をつけていきます（音楽的に調性感をつけて歌ってもよいでしょう）。 ◇相手をよく見て，相手の声をよく聴いて反応できているか見取り価値づけてあげましょう。 ◇相手と逆にする遊びで，一つの言葉でも様々な表現方法があることに気づくよう働きかけましょう。より表現が豊かになってきます。 ◆強弱，速度，音の高低など音楽的要素が理解できているか。【知技】
STEP2	○まねっこで「遠足の歌」をつくる。 ・グループで歌にどのようなイメージや思いを入れたいかを話し合い，「遠足の歌」の歌詞に入れたい言葉を思いつくままに書き出す（思考ツール）。 ・その中から歌のイメージに合う言葉を一つ選び，付箋にフレーズとなる言葉を書く。 ・1人ずつ順番に付箋に書いた言葉（フレーズ）で呼びかけ，グループがこたえる。繰り返しながら，少しずつ言葉に抑揚をつけて歌う。 ・グループで歌う順番（言葉（フレーズ）の順番）を決めて付箋を順番に並べる（歌詞のできあがり）。 ・全体のまとまりを意識しながら練習する。	◇「実際に遠足で歌う」ことを目標にして，自分たちにとって意味のある音楽をつくるという音楽づくりのゴールを明確にしましょう。 ◇自分たちの経験から「遠足」に関して思い浮かぶ言葉を自由に書き出せるよう促しましょう（できるだけ多く書く）。 ◇子どもたちがお互いに個々が選んだ言葉を尊重してまねできる，温かな空間をつくりましょう。 ◇まとまりのある歌に組み合わせていく，音で考える大切な場面です。何度も歌いながら歌のイメージに合う旋律づくりができるかに焦点を当てて言葉かけをしましょう。 ◆模倣（反復）のある音楽づくりができているか。【態度】 ◆言葉に抑揚をつけた声による旋律づくりができているか。【知技】
STEP3	○グループが前に出て発表し，みんながやまびこのようにまねて歌う。感想や意見を述べ合う。	◆全体の構成を理解しまとまりのある音楽づくりができているか。【知技，態度】

○ 授業の流れと発問・声かけの具体例

【STEP1】

★先生─子どもたちでやまびこごっこをする

T　やまびこって知っている？　山に向かって「ヤッホー！」と叫ぶと，こたえてくれるんだよね。

　やまびこについて確認しておきましょう。

T　みんな山になって，やまびこできるかな？　やってみるよ。

　はじめは，「オーイ！」「ハックション」「おほほほほー」「ピタゴラピー」など，具体的な言葉よりもできるだけ音として面白い声で試すと前向きに活動に取り組んでくれるでしょう。

　慣れてきたら言葉を試し，言葉に少しずつ大げさに抑揚をつけていきましょう。やまびこなので先生より少し小さな声で模倣します。

★みんなでやまびこごっこ遊びをする

　希望者に前に出てきてもらい，同じようにやまびこ遊びをします。

　みんなの前で表現できた勇気を讃え，個性的な言葉の言い回しや音楽的な声の抑揚などを見取り価値づけることで，子どもたちの発想がより豊かになるでしょう。

★ペアでやまびこ遊びをする

　お互いに役割（呼びかけ役とやまびこ役）を決めて同様に遊びましょう。

★慣れてきたら「あまのじゃくやまびこ」で遊ぶ

T　呼びかけと反対をするやまびこっていたらどう？

C　そんなの，いるわけないー。

T　難しいからかなあ…ちょっとやってみようか。反対をするんだよ。

T　呼びかけが大きい声だと，やまびこが小さい声。

　「高い声・低い声」「速い・遅い」などでもやってみることで，表現の可能性がより広がります。

【STEP2】

　まず，子どもたちに「やまびこごっこ」のしくみを使って，模倣や反復で音楽づくりをすることを伝えます。テーマは，子どもにとって身近でなじみのある出来事や学校行事など自由に設定できますが，ここでは例として「遠足」をテーマにした活動を紹介します。

★テーマに合う言葉を書き出す

T　もうすぐ遠足に行くね。遠足ではみんな，いーっぱい歩くんだよね。そのときに歌う曲をつくろうと思います。どんな感じの曲がいいと思いますか？

C　元気が出る歌！

C　楽しい歌。

T　なるほど，じゃあ，どんな言葉を使ったらよいかな…グループで話し合いながら思いついた言葉を書いていきましょう。

　　遠足で歩いている状況をイメージしながら，歌に込める「想い」に合う言葉を探すことが大切です。

★1人ずつ言葉を選び，付箋に書く

T　書き出した言葉の中から，自分が一番好きと思う言葉を一つだけ選んでみよう。

C　好きな言葉いっぱいあるー。

T　そうだね，その中でも，自分たちの歌に入れたいな，歌の歌詞になると素敵だなと思う言葉を付箋に書いてみて。

T　ちょっと頭の中で歌ってみてメロディーが浮かんできやすいのがいいかもね。

　　自分が書いた言葉が，グループでつくる歌の歌詞の一部になることを子どもたちが知っておくことが大切です。

★選んだ言葉を使ってグループでやまびこごっこ遊びをする

　　常時活動と同様に，順番に呼びかける言葉に少しずつ抑揚をつけてメロディーらしく歌にしていきます。

T　わあ，素敵なメロディーだね。どうやって歌ったの？

C　おべんとたのしみ！　（ドレミファソソソドの）最後のドで音を高くしてポーズをつけた。

T　みんなで，まねしてやってみようか。よーく音を聴いてね。

　　呼びかける役の子の声の出し方や旋律の抑揚をよく聴き取ってまねすることが大切です。よく見て聴いていたことを価値づけてあげましょう。

★グループで歌う順番（歌詞（付箋）の順番）を決め，ワークシートに書く

T　何回も歌いながら，どんな順番で歌うといいか考えてね。言葉やメロディーを少し変えた方がいいなと思ったら変えてもいいよ。

　　歌のイメージに合う旋律づくりができているかどうかに焦点を当てて声かけをしましょう。

【STEP3】

T　○グループの人ができた歌を発表します。みんなは，やまびこです。

T　○グループの人たちが歌うので，声をよーく聴いて，真面目なやまびこになって，まったく同じようにやまびこをしてあげてください。

T　後で，どんなところが面白かったか，よかったか，聞きますね。

　　模倣を使った歌づくりでどのようなことに工夫していたか，音楽的要素と表現の仕方などに関わらせながら話し合いましょう。

身体と心でみんなのマーチ！

教材名 ラデツキー行進曲（ヨハン・シュトラウス1世作曲）

○ 本時のねらい

　この行進曲は，毎年お正月（1月元旦）にオーストリアのウィーンで開催されるニューイヤーコンサートにおいて，アンコールの大トリを飾る有名な曲です。曲の中間部で会場の観客も一緒に手拍子で参加し，幸せな気分になります。

　ここでは，この曲を，身体を動かしながら鑑賞することで，子どもたちがより楽しく音楽と関わりながら，拍や強弱を身体全体で感じたり，曲の構造を理解したりしていくことをねらいとしています。

　また，学校の音楽授業のよさの一つは「友達と一緒に学ぶこと」です。鑑賞で身体を動かしながらお互いに動きを見て学びを深めていきましょう。

○ 常時活動の位置づけ

　行進曲の特徴として，拍がしっかりしていることが挙げられます。

　そこで導入では，低学年の子どもたちにおなじみの「さんぽ」（中川李枝子作詞／久石譲作曲）の曲に合わせて拍を感じながら歩くゲームで遊びましょう。

　音楽に合わせて，手や身体の一部をたたきながら歩くことで，子どもたちは音楽の核である「拍にのる」という体験をクラス全員で行うことができます。

　そうすることで，本活動での鑑賞が，音楽をただ聴き流すのではなく，自分から音楽と関わっていけるようになります。

　そして，音楽と一体化して，音楽の要素やしくみをより感じられるようになるでしょう。すなわち，「こんな音楽なんだ！」と自分なりに感じ，わかっていくのです。

　遊び心いっぱいに楽しんでみてください。

◦ 本時の指導案

過程	○学習内容　・学習活動〔共通事項〕	◇教師の働きかけ　◆具体の評価規準
STEP1	○「さんぽ」で遊ぶ〔拍〕（常時活動）。 ・10人くらいずつの列をつくる。先頭の人について「さんぽ」の歌に合わせて元気よく歩く。 ・先頭の人は動き（手をたたく，肩をたたく，うなずくなど）をつけて歩く。列の人は先頭の動きをまねながら歩く。 ・教師の音の合図（ホイッスル，トライアングル，クラベスなど）で，先頭の人は列の最後につく。今度は，次の先頭の動きをまねしながら歩く。教師の音の合図を聴いて先頭が変わりながらゲームを続ける。 ・先頭の人は，さらに動きに変化をつけて，歌詞に合った動きを表現しながら歩く。	◇この曲は子どもたちも大好きです。全員が元気よく拍に合わせて歩ける楽しい雰囲気を大切にしましょう。 ◇拍に合わせて歩けているかどうかに意識が向くように声かけをしましょう。 ◇音の合図をはじめはフレーズの区切りのよいところで行い，慣れてきたら途中で入れると，より緊張感が増して集中して音を聴くようになります。 ◇歌詞をよく聴き，歌詞に合った動きを考え即興的に表現することで，聴くことにより集中でき，活動がもっと楽しくなるでしょう。 ◇個性的な動きにも「歌詞をよく聴いていたね」と価値づけてあげましょう。 ◆拍に合わせて動けているか。合図の音や歌詞を聴き取り即興的に動きで表現できているか。 【思・判・表】
STEP2	（身体運動を伴った鑑賞） ○「ラデツキー行進曲」で拍を感じてみんなで合わせてつなげる。 ・参考映像（ウィーンフィル・ニューイヤーコンサート2012など）を鑑賞して気づいたことを話し合う。 ・身体を動かしながら鑑賞する。 （動きの例）イントロ：ドラムをたたくまね Ａ：音楽の拍と強弱に合わせて手拍子 Ｂ：手拍子回し→（2巡目）足踏み回し Ａ：音楽の拍と強弱に合わせて手拍子（手と足踏みを使って強弱をより大げさに表現してみる）。	◇子どもたちが映像を観て感じたこと，気づいたことを自由に発言できるような雰囲気づくりが大切です。曲の背景を簡単に紹介してもよいでしょう。 ◇拍に合わせて，手をたたくこと，足踏みすること，手拍子を回すことがポイントです。しっかり拍に合わせて動けているかに焦点を当てて声かけしましょう。 ◆拍に合わせて活動に取り組めているか。 【知技】 ◆音楽の変化を聴き取り，身体で表現することができているか。【思・判・表】
STEP3	○全体の音楽の構造を確認する。それぞれのセクションで感じたことや気づいたことを話し合う。 ○自分たちで考えた身体の動きで鑑賞してみる。	◇子どもたちが考えた動きをつけて鑑賞することで，より主体的な鑑賞活動になります。活動を楽しく終わることができるでしょう。

○ 授業の流れと発問・声かけの具体例

【STEP1】

10人くらいで列をつくります。

T　トトロは1人でおさんぽしたけど，今日はクラスのみんなでおさんぽしたいと思います。

T　一列に並びましょう。「さんぽ」の歌に合わせて，先頭の人について教室内をおさんぽするよ！

T　ここで，一番大切なポイントは拍に合わせて歩くこと！

T　ちょっとその場でやってみよう。

拍に合わせてその場で歩く練習をします。

T　みんなが，拍に合わせて歩くには何が大切だと思う？

C　よく聴く。

C　前の人を見る。

T　じゃあ，そこに注意しながらやってみよう！

★手をたたきながら歩き，先生の音の合図で先頭の子は列の最後に移動する

T　うまく拍に合わせて歩けているね。じゃあ，レベルアップしても大丈夫？

C　大丈夫。

T　じゃあ，曲の途中に，先生がこの音（聴かせる）を鳴らします。聴こえたら先頭の人は，列の一番後ろに急いでくっついてください。

T　そうしたら，今度は先頭がどうなる？

C　次の人になるー！

T　そうだね。そうしたらみんなは，次の先頭の人について歩きます。

T　でも，ただ歩くだけでは面白くないから，今度は手をたたきながら歩いてみようか。

T　手だけじゃなくて身体の部分をたたいてもいいよ。先頭の人がどこをたたくか，よーく見てまねして歩いてね。

★歌詞を聴きながら動きを考えて歩く

T　さらにレベルアップしてもできるかな？

C　できるー！

T　じゃあ，先頭の人は，歌詞をよく聴きながらそれに合った，もっと違った動きをやってもいいよ。

T　例えば，曲の中にどんな道が出てきた？

T　どんな動物が出てきた？

「さんぽ」の歌詞からいくつかキーワードが子どもたちから出されます。

T　そうだね，もっといろんな生き物に出会うかもしれない。

T　歌詞をよく聴きながら，動きをつくってみてね。

T　でも，「拍に合わせて歩く！」これは，動きが難しくなっても続けるよ。

・拍に合わせて歩けた

・教師の音の合図で先頭の子が移動できた

・歌詞に合った動きができた

を見取ってそれぞれ価値づけてあげましょう。

　個性的な動きにも，「歌詞をよく聴いていたね」と価値づけてあげましょう。

【STEP2】

★参考映像を鑑賞する

T　こんな映像があります。お正月に行われるコンサートの後のアンコール曲です。

T　観た後に「どんなことに気づいたか」教えてください。

　映像の鑑賞後，子どもたちはたくさんの気づいたことを教えてくれるでしょう。それを，次の身体を伴った鑑賞につなげていきます。

C　楽しそうだった。

C　みんなで手をたたいていた。

C　指揮者が観客の方を向いていた。

T　手拍子は同じ強さだったかな？

C　小さいところと大きいところがあった。

T　じゃあみんなで，同じようにやってみよう！

★身体の動きを伴った鑑賞をする

　映像の動きをまねながら，音楽を鑑賞します。拍にのって，元気に楽しく行うことがポイントです。また強弱にも気をつけて手をたたきましょう。

　手拍子や，手拍子回しをしながら，みんなで「合わせる」「つなげる」ことの楽しさや，喜びを味わいながら鑑賞しましょう。

　先生もぜひご一緒にやってみてください。

【STEP3】

　全体の音楽の構造を前に提示し，再度鑑賞します。

　それぞれのセクションで感じたことや気づいたことを話し合いましょう。

繰り返しの旋律を楽しもう！

教材名 かねがなる（勝承夫訳詞／フランス民謡）

○ 本時のねらい

　この教材は，シンプルな旋律の繰り返しでできています。一見単純に見えますが，そこには繰り返しの音楽的可能性が秘められているのではないでしょうか。

　なぜなら，それこそが世界中でこの曲が（様々な歌詞で）愛される一つの理由かと思うからです。その繰り返しに気づき，同じ旋律の反復をどう表現するかを子どもたちと考えていきましょう。

○ 常時活動の位置づけ

　「グーチョキパー」（フランス民謡）でまず楽しく遊びます。常時活動の第一のポイントとして，まず，子どもたちが活動自体に目が向くように促しましょう。低学年は特に「楽しい」と感覚的に感じる時間が大切です。これはもしかすると，いくつになっても同じかもしれませんね。

　この曲では，グー，チョキ，パーを使って，子どもたちは自由な発想で実に様々なアイデアを出してきます。子どもたちの自由で，個性的な発想の世界も大切にして活動していきましょう。

　本時では，「かねがなる（かねのね）」が同じ旋律でできていることに気づき，同じ旋律でも歌詞が変わることによって曲の感じが違っていることから，音楽の表現についてさらに考えたり，反復の歌い方を工夫して音楽の理解が深まったりします。

° 本時の指導案

過程	○学習内容　・学習活動　〔共通事項〕	◇教師の働きかけ　◆具体の評価規準
STEP1	○「グーチョキパー」で遊ぶ〔旋律〕（常時活動）。 ・まずは手遊びを入れて一緒に歌う。 ♪グーチョキパーで　なにつくろう 　右手は○○で　左手は○○で○○○ ・グーチョキパーでいろいろな形をつくって遊ぶことで，子どもが飽きずに楽しみながら旋律になじんでいく。 ・教師リードで，右手と左手の手の形を提示し（グーとグーなど），その形が何かを子どもたちの発想を取り上げながら進める。	◇手遊び歌は子どもたちが大好きな教材です。子どもたちの楽しむ雰囲気を大切に取り組みましょう。 ◆手を出して活動に取り組めているか。【態度】 ◇「かねがなる」に進む前に楽しみながら旋律になじめることを大切に活動しましょう。 ◇子どもたちは大人の想像を超えていろいろなものを言ってくれます。その一つひとつの意見を大切にして子どもの発想力を大切にしましょう。
STEP2	○「かねがなる」を聴く。 ・模範演奏CDを流す。気づいたことがないかを聞いてみる。 ポイント：「同じ旋律，反復」 ・全員で旋律が「グーチョキパー」と同じである，反復になっているか歌って確かめる。 ・クラスを2つに分け（「グーチョキパー」と「かねがなる」グループ）同時に歌う。 ・それぞれ役割を変えてどちらの歌詞でも歌えるようにする。 ○2つのグループで輪唱を楽しむ。 ・違う歌詞で輪唱する。 ・「かねがなる」の歌詞で輪唱する。 ・いろいろ強弱を変えて歌ってみる。	◇旋律は同じで歌詞が違うことに気づけるように発問を考えましょう。また，旋律が反復になっていることにも着目しましょう。 ◇違う歌詞で輪唱することでつられにくくなります。 ◇旋律をずらしても音楽が成り立つことを味わわせましょう。 ◆拍に合わせて歌えているか。【知技】 ◆相手のパートにつられずに歌えているか。【知技】
STEP3	○友達とペアで反復される旋律をどう歌えば曲がもっと魅力的になるかを話し合う。 ・表現の工夫についてクラスで共有する。 ・全員で出たアイデアを試してみる。 ・クラスでどう歌いたいかを決めて全員で歌う。	◇反復という要素をきっかけに，子どもたちの思考が動くことを大切にしましょう。さらにその考えが歌唱表現につながることも大切にしましょう。 ◆思考が表現につながっているか。【思・判・表】

○ 授業の流れと発問・声かけの具体例

【STEP1】

★「グーチョキパー」の手遊び歌をする

T　みんな，この曲知っている??

　「グーチョキパー」を歌います。

C　知っている!!

T　じゃあ，歌いながらやってみよう！

　最後の右手，左手の部分は，教師が両手でグー，チョキ，パーのどれかを示します。

T　右手はグーで左手もグーで??

C　雪だるま。

C　ボクシング。

　何度も行えるので，一番教師の耳に届いてきたものを取り出して全員と共有しましょう。また，子どもたちは大人以上に想像力を膨らませてくれます。想像力は創造力へと広がっていくと言われているので大切にしていきましょう。

　例：「雪だるま」雪だるまを使ったら，次は違う子どもが出した案を使って，いろいろな子どもの考えが生かせている空間づくりを心がけましょう。

【STEP2】

★「かねがなる」の音楽のしくみを知る

T　みんな，この曲を聴いて何か気づいたことあるかなー？

　CDを流します。

C　わかった。

C　もう一回ー！

C　さっきのと同じ旋律だー。

C　同じメロディーが繰り返されているー。

　私は子どもたちから出る「もう一回」という声を大切にしています。なぜならこの言葉は，前向きに活動しようとしている象徴に感じるからです。子どもからのこの言葉を大切にしましょう。

T　本当に旋律が一緒か試してみたいから「かねがなる」を覚えよう！

　目的をもって取り組めるようにしましょう。

T　じゃあクラスの半分が「かねがなる」，クラスのもう半分は「グーチョキパー」で歌ってみよう。

★輪唱を楽しむ

T　じゃあ，この歌でおいかけっこしてみよう。つられずにいけたらすごいねー。

C　♪しーずーかーなーかーねーのーねー…

　　　　　　　　　　　　　　　♪しーずーかーなーかーねーのーねー…

T　できたねーー。じゃあ次は小さな声でもやってみよう。

　小さな声で歌うと，周りの声がより聴こえるようになります。ぜひ小さな声でやってみてください。

【STEP3】

★表現を工夫して反復で歌う

T　みんな，それぞれの旋律って繰り返されているけど，何か工夫して歌えるかなー。

C　んーーー??

T　ただ声を出して歌うだけじゃなくて「こだわり」を入れて歌ってみたいなー。

C　はじめは強く歌って2回目は弱く歌う。

T　なるほど。まずは，それをやってみよう。

　いろいろな発想を大切にしていきましょう。その後，だんだん強くしていくなどいろいろな表現方法につながっていくことがあります。子どもから出た考えを大切に，歌唱表現をしてみてくださいね。

　その「こだわり歌い」で輪唱してみてもよいでしょう。また一味違った音楽を，子どもたちが味わえると思います。

　同じ旋律で歌われている他の曲を紹介しても面白いでしょう。例えば，「フレール・ジャック」「Are You Sleeping?」「Walking, Walking」など，世界中で歌われている音楽であることを伝えましょう。また，「Walking, Walking」などは動きも伴えるので遊びながら輪唱を楽しめると思います。

Walking ×2	←	歩く
Hop　　×3	←	ジャンプ
Running ×3	←	走る
Now let's stop	←	止まる
※これらをカノンにして歌いましょう		

「Walking, Walking」の動きの例

かえるのがっしょうで楽しく楽器を演奏しよう！

教材名 かえるのがっしょう（岡本敏明訳詞／ドイツ民謡）

本時のねらい

この教材では，なじみやすい旋律と歌詞で拍を感じていきます。歌って楽しみながら拍を感じることで，友達と声や楽器を合わせていく合奏などの活動へもつなげていきたいです。

常時活動の位置づけ

本時の活動につなげていくにあたり，常時活動を通して拍を使っていろいろ遊んでいきたいと思います。常時活動を通して楽しみながら拍に触れていることで，本時の活動がよりスムーズに進んでいきます。拍の活動は身体表現などにもつなげやすいので，常時活動を考えるのに適しています。

常時活動では，「音楽の授業って楽しい」と子どもが思ってくれるようなイメージづくりをここでも大切にしていきましょう。簡単な活動であるからこそ子どもたちの活動に向かう様子も見つけやすく，一人ひとりへの声かけも広がっていくと思います。ぜひ，常時活動を通して笑顔があふれる空間を目指してみてください。

本時の指導案

過程	○学習内容　・学習活動　〔共通事項〕	◇教師の働きかけ　◆具体の評価規準
STEP1	○「アイコンパズル※ゲーム」で遊ぶ〔旋律〕（常時活動）。（※ p.72参照） ・4枚のアイコンパズルを用意して，教師が歌う歌（かえるのがっしょう）の旋律の通りに（ピアノで旋律を弾いてもよい）アイコンパズルを並べて遊ぶ。 ・4人の子どもに前に出てきてもらい，ランダムにカードを1枚ずつ持つ。 ・クラス全員で旋律の動きを確かめながら，カードを持っている子どもたちが歌の順番に並	◇アイコンは視覚的に音の高さがわかる実践です。視覚的な効果により子どもたち自身で音程が発見できることを大切にしましょう。 ◇子どもたちがみんなで協力して音楽に沿ってパズルを並べ替えていく時間を大切にしましょう。 ◇4枚のカードを持つ子どもが前にいることで，ゲーム的な雰囲気を大切にしましょう。 ◇音の動きや高さをきっかけに並び替えることで，楽譜への概念につながっていくことを念

	べる。 ・まずは2小節ずつに区切って誰のパズルを歌っているかを当てるクイズを行う。その後順番を並び替える。丁寧に何度か聴かせてあげることも大切にする。	頭に置いて活動しましょう。 ◆アイコンパズルクイズに参加しようとしているか。【態度】 ◆パズルと旋律が結びついているか。【知】
STEP2	○「かえるのがっしょう」の歌に合わせて全員で歌う（パズルを解きながら子どもたちは何度も旋律を歌っているので比較的簡単に歌える）〔旋律〕。 ・パズルの中で，はじめの音（ド）だけは提示し，クラス全員で続きの階名を言い合い，アイコン＋音名を完成させる。 ・子どもの発言を聞きながら教師がパズルに書き込んでいくとよい。途中，音名を声に出してくれている子どもは誰かを聞いてみる。その際，手を挙げてもらいしっかり音に向き合えていることを価値づけする。 ・全員で階名唱する。 ○鍵盤ハーモニカで演奏する。 ・ドの音を見つけ，指を鍵盤にのせ準備する。 ・実際に演奏してみる。 ・指番号でも歌ってみる。 例：♪12343 21　1234321 　　　1111　1234321 ・ペアになって交互に演奏する。 ○弾けるようになったら輪奏に挑戦する。	◇「聴く→歌う」という流れが何度もできる工夫を心がけましょう。 ◇子どもたちが自分たちで音名を発見していく過程が大切です。子どもたちが音を発見する時間を大切にしましょう。 ◇器楽を演奏するうえで階名唱ができることはとても大切です。一人ひとりがしっかり歌えることを心がけましょう。 ◆休符がしっかり理解できているか。【知技】 ◇ドの音がわからない子もいるので丁寧に覚えていきましょう。 ◇練習が始まったら，途中声で練習を中断するより，前奏などを流して進めた方がスムーズに進みます。子どもたちはよく聴いているのできっと入れると思います。 ◇指番号は，子どもが演奏しやすい指が他にあればその指でも大丈夫です。 ◆演奏しやすい指使いを考えているか。 　　　　　　　　　　　　　【思・判・表】 ◇交互に演奏することで自分が演奏する部分は少なくなります。その流れを大切にしましょう。また，リレーにすることで少しのドキドキ感が生まれ，集中力も上がると思います。
STEP3	○オスティナートをつけて全員で輪奏する。 ・オスティナートをつけていることでアンサンブル感覚を養う。 ・教師か希望者が伴奏（オスティナート）を弾くと（ド，ド，ソソなど）拍が合わせやすくなる。	◇オスティナートとは，一つの旋律パターンを何度も演奏することです（p.53【STEP3】参照）。 ◇一つの教材でも，いろいろな方法で音を奏でることで音楽の雰囲気が変わることを体感しましょう。 ◆パートが増えてもまどわされず演奏できているか。【知技】 ◇一人ひとりの子どもがいろいろ役割を変えて行うのも大切にしましょう。

○ 授業の流れと発問・声かけの具体例

【STEP1】

★アイコンパズルゲームで遊ぶ

T　みんな，今から先生が「かえるのがっしょう」を歌うから，誰のパズルを歌っているか当ててみてね。

T　♪かえるのうたが…

　　（ドレミファミレド…）

C　あっ!!　智宏君のカード。

T　正解。どうしてわかった？

C　音が上がって下がっていたから。

T　なるほど!!

T　じゃあ次。

T　♪ケロケロケロケロ　クワックワックワッ

C　真子ちゃんのパズル。

T　おーー!　正解。どうしてわかったの？

C　さっきと同じように，音が上がって下がってだけど細かい音だったから。

T　すごい。よく気づいたね。

　　このような流れでクイズを続けてみてください。

T　じゃあ，次はパズルの順番も考えてみてね。

T　誰のパズルが始まりかなー？　しっかり聴いてみてねー!!

　　ここで，最初から最後まで歌ってパズルの完成です。

【STEP2】

★階名を見つける

T　じゃあ，もう実際に歌えそうだね。歌ってみよう。せーの。

C　♪かえるのうたが　きこえてくるよ…

T　さすが，しっかりクイズに取り組んでくれたのがわかる歌声だったよ。

T　じゃあ，パズルの始まりの音がドの場合，次の音は何だろう？

C　レー。

T　次は？

C　ミー。

　　このように，子どもが先に進めてくれる答えを教師が追いかけるような形にして，主導権を子どもにしましょう。

T　よし。完成したから階名でも歌ってみよう。

　階名で歌います。

T　もう，音符でも歌えた人は，鍵盤ハーモニカでやってみたらいいよ！

C　はーい！！

　このときに，ドの位置はしっかり習得できるように子どもに伝えましょう。

T　みんな，指の番号でも歌ってみようか。

T　みんな，どんな指で弾いているかなー？

T　もし全然わからなかったら，先生の指番号使ってね。一緒に歌ってみよう。

C　♪1234321　1234321　1111　1234321

T　よし！　指もできたらもう一回練習してごらん。楽に弾ける指使いを考えてみてね。

　弾けるようになってきたら，輪奏に挑戦しましょう。

T　じゃあ，鍵盤ハーモニカで追いかけっこしてみよう。じゃあいくよー！

C　♪ドレミファミレド　ミファソラソファミ　…

　　　　　　♪ドレミファミレド　　　ミファソラソファミ…

【STEP3】

★オスティナートをつけて輪奏する

T　輪奏ができるようになってきたから，最後はもう一つ別のパートを入れてみよう。

T　誰か，ドドソ↓ソ↓を繰り返して弾ける人いるかなー？

C　はーーい。

　低学年は，好奇心をたくさんもっているので，たくさんの子の手が挙がると思います。手が挙がることを当然としないで，その前向きな気持ちの素晴らしさもしっかり価値づけしてあげましょう。

T　じゃあ，ドドソンを続けて弾いてね。ドドソン×2が前奏としよう。ではいくよー。

C　♪ドドソンドドソン…

　　　　　♪ドレミファミレド…

　　　　　　♪ドレミファミレド…

　オスティナートは，いろいろ変えてやってみてください。オスティナートを変えることで様々なアンサンブルを味わいましょう。

　例：ドソを和音にして二分音符で弾くなど

　その他，子どもたちが考えたオスティナートなどが出てきたらどんどん試してみましょうね。うまくいかなかったときも，そこから考えが深まっていくこともあるでしょう。

春のハッピーリズムをつくって楽しもう！

教材名 春がきた（高野辰之作詞／岡野貞一作曲）

○ 本時のねらい

「春がきた」は同じリズムが繰り返された a, a’ の一部形式で，簡単にリズムを覚えることができます。歌唱の後，使われているリズムの面白さに気づき，そのリズムを使って，つなげたり重ねたりしながら構造を意識した手拍子による音楽づくりを楽しみましょう。

シンプルながら意外とかっこいい手拍子の曲ができあがります。まとまりのある音楽づくりの第一歩として高学年の音楽づくりの素地ともなる活動です。

○ 常時活動の位置づけ

これまでの即興的に遊んでいたリズム音楽遊びから，組合せやつながりを考え構造を意識した音楽づくりに挑戦です。拍を感じながら行う様々な常時活動をアレンジしながら，簡単なリズム遊びを楽しみましょう。

「春がきた」の歌なしリズム打ちと，様々な拍打ちのバリエーションを重ねて遊ぶ中で，子どもの拍感を育むと同時に，リズムをつくるプロセスでも拍を意識するようになるでしょう。また，常時活動を導入部分に取り入れることで，リズムパターンを使った4小節の音楽づくりが，紙面上のリズムの組合せというだけではなく，音を通して子どもたちの創造力を刺激し，音で考えながらつくるリズムづくりへとつながってくるのです。

A

B

C

図1 「春がきた」リズムカード

こうしてできたリズムは，聴いていても心地よいものです。拍やリズムなど音楽で大切な要素を理解しながら，表現技能を高めていく本活動につなげていきましょう。

○ 本時の指導案

過程	○学習内容　・学習活動　〔共通事項〕	◇教師の働きかけ　◆具体の評価規準
STEP1	○歌なしリズム打ちで遊ぶ〔リズム，反復〕（常時活動）。 ・「春がきた」を声を出さないで頭で歌いながらリズム打ちをする。 ○ビートを重ねて遊ぶ。 ・「春がきた」の声なしリズムに拍打ちを重ねていく。 ・それぞれリズムを担当する列やグループを決めてリズムを重ねて楽しむ。 ・速度や強弱を変化させると緊張感が増す。	◇クイズのように，はじめに教師がリズム打ちをし，何の曲か当てるようにすると集中して聴く態度が生まれてきます。 ◇頭で歌を歌うことがポイントです。 ◇前のボードにリズムを表示します。 　例： 　拍で手をたたく 　アクセントのところは膝をたたく 　アクセントの位置を変える ◆自己評価をして活動に前向きに取り組もうとしているか。【態度】
STEP2	○春のリズムの音楽をつくる。 ・グループ（4〜6人）で，「春がきた」のリズムA〜C（図1）を繰り返したりつなげたりしながら4小節のリズムをつくる。リズムの繰り返しを入れること（ワークシート）。 ・できたパターンを繰り返し練習する。 ・音の強弱や速度の工夫にも意識がいくように言葉がけをするとより音楽的なリズムになっていく。 ○グループごとにできたリズムを発表する。 ・それぞれのグループの工夫やよかったことなどを話し合う。	◇ワークシートを配付します。同じリズムを繰り返したり，つなげたりしながらつくる例をデモンストレーションしてみるとよいでしょう。 ◇「はるが」などの歌詞や，「ター，タタ」などを使ってリズムを正確にたたけるよう支援しましょう。 ◇グループがつくったリズムを，前に貼り出します。リズムカードをつくっておくと簡単にそれぞれのグループのリズムを表すことができます。 ◆リズムを繰り返したりつなげたりしながら，4小節のリズムパターンをつくることができているか。【思・判・表】 ◆正しくリズム打ちができているか。【知技】
STEP3	○全員で春のハッピーリズム大合奏をする。 ・グループごとの発表をつなげ，最後に「春がきた」を全員でリズム打ちして終わる。みんながつくった手拍子の大合奏を楽しむ。発表以外の子たちはSTEP1の拍打ちパターンを自由に選んで手をたたき盛り上げる。	◇拍にのってそれぞれのリズムの重なりを楽しみましょう。 ◇少しテンポをアップするとよりエキサイティングな雰囲気になって盛り上がります。 ◆全体のリズムの重なりやその音響の面白さを感じながらリズム打ちや拍打ちができているか。【思・判・表】

○ 授業の流れと発問・声かけの具体例

【STEP1】

★歌なしリズム打ちで遊ぶ

T　クイズです！　これから先生が手でたたく歌は何でしょう？

　「春がきた」のリズム打ちをします。

C　「春がきた」だー！

T　正解！　みんなもできるかな？

T　声を出さないで手で歌う。やってみるよー。さん，はい。

　頭で歌いながら手をたたくことで，手拍子がより音楽っぽくなるから不思議です。

　歌唱活動で歌った曲なので，比較的簡単にリズム打ちができるでしょう。確認のために歌を歌ってみるのもよいでしょう。

★ビートを重ねて遊ぶ

　遊び感覚でいろいろな拍打ちを試しながら，「春がきた」のリズムと重ねていきましょう。

T　「春がきた」のリズム打ちと拍打ちを重ねるの，できた？

T　目をつぶって，パーフェクトにできたと思う人はパー，まあまあできたと思う人はチョキ，もっと練習が必要だと思う人はグーを挙げてください。

　自己採点を示すことで，さらに練習が必要かどうかを確認するとともに，その子の心境や自信，活動に取り組む態度を見ることができます。状況を確認しながら次のステップに進むことが大切です。

T　じゃあ，ちょっと拍打ちを難しくするよ。

　アクセント記号（<）を2，4拍目の音符の上に書きます。

T　これ，どんな意味か知っている？

C　強くする。

T　そうだね。これをアクセントというんだけど，これがついているところは膝をたたくことにします。

T　どんなリズムになるかやってみよう。

　アクセントの位置が変わることで，曲全体が違った雰囲気になります。そのことに気づいた子には，その捉え方の素晴らしさを伝えてあげましょう。

【STEP2】

★リズムをつなげてつくる

T　「春がきた」に出てきたリズムを使って，みんなの春のリズムをつくります！

T　リズムを繰り返したり，つなげたりして4小節のリズムをつくるよ。

カードを並べ替えて簡単につくってしまうグループもあります。そんなときは，次のように声かけをしてみましょう。

C　できた！

C　簡単。

T　どれ，どんなリズムかこのリズムをたたいてみて。

C　（たたく）

T　どう？　このリズム最高に好き？

C　…

T　カードを並べ替えるのは簡単だけど，つくったリズムがかっこいい方がいいよね。

T　音で試すことが大事。どんどん試してみて，最高にいいのができたらまた教えてね。楽しみにしているよ。

　音で考えているかの見極めは難しいですが，並べ替えたり，リズムをたたいて試したりすることで，まとまりのあるフレーズとして，リズムパターンを考える力が養われていきます。また，リズムを読む力，技能も向上します。

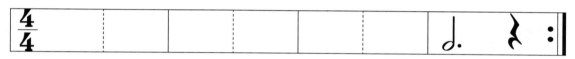

図2　春のリズムづくり（ここに，図1のリズムを繰り返したり，つなげたりしてつくります）

【STEP3】

　発表グループ以外の子たちは，STEP1で行ったビートで重ねた遊びの拍打ちパターンで手をたたいて盛り上げます。

　最後は，「春がきた」を全員でリズム打ちし，手拍子の大合奏を終わりましょう。

　速度や強弱を変化させてみると，結構聴き映えのする音楽ができあがります。満足度◎です。

3拍子で遊ぼう！

教材名 ティニクリン（フィリピン民謡）

本時のねらい

　子どもたちは身体を動かすことが大好きです。本活動は，フィリピンの3拍子の竹を使ったダンス曲「ティニクリン」を教材化しました。リズムに合わせて，竹の棒を交差させながらステップを踏むバンブーダンスです。

　今回は，3拍子を感じながら遊んだり動いたりしながら，指や身体で3拍子の面白さを体験していきましょう。リズムにのって拍の流れやまとまりを感じ取って身体表現をすることで，3拍子の感覚を磨くとともに，バンブーダンスのステップを習い，フィリピンの伝統舞踊を楽しみ，ぜひたっぷり子どもたちと味わってほしいと思います。

常時活動の位置づけ

　3拍子のじゃんけん遊びを本活動につなげます。遊んだり動いたりしながら3拍子の感覚を体験的に把握することが，3拍子を理解するうえで最も効果的だと言われています。

　この常時活動では，3拍子の1拍目で前に出てじゃんけんする動きを使って，ゲーム感覚で3拍子を体得していきましょう。本活動での，ティニクリンの竹を使った独特な踊りを動きながら鑑賞する活動に，誰もが無理なくつなげていくことができるでしょう。

本時の指導案

過程	○学習内容　・学習活動　〔共通事項〕	◇教師の働きかけ　◆具体の評価規準
STEP1	○3拍子じゃんけん大会で遊ぶ〔拍子〕（常時活動）。 ・1拍目の強拍で一歩前に出てじゃんけんをする。「イチ，ニー，サン」と数を言いながらやると動きやすい。 ・10回連続で行い，何回勝ったかで勝負する。	◇教師がお手本として前で動きをやってみてください。3拍子にのって元気よくやりましょう。 ◇3拍子の音楽をピアノや，CDで流すことで，より3拍子を感じながらじゃんけん遊びができます。 ◆3拍子に合わせて動くことができているか。 【知技】
STEP2	（身体運動を伴った鑑賞） ○バンブーダンスを楽しむ。 ・参考映像：YouTubeなどから，フィリピンのバンブーダンスの映像を鑑賞する。気づいたことを話し合う。 ・バンブーダンスの基本ステップを習う。全員が人差し指を使って(A)（そと，なか，なか）の動きを練習する。 ・3拍子じゃんけんのステップを指ダンスにして練習する(B)（左，右，左，右，左，右）。 ・ペアで向かい合って指によるバンブーダンスを練習する。 ・「ティニクリン」の音楽と合わせて指のバンブーダンスを楽しむ。 ・できるようになったら，床の木目（2本のガムテープを貼ってもよい）を利用して全員が足でバンブーダンスする。	◇「ティニクリン」のバンブーダンスの背景や由来を紹介しましょう。 ◇「イチ，ニー，サン」と唱えながら練習し，動く感覚を捉えるようにします。
STEP3	○基本ステップをリズムに合わせて，竹を交差しながらバンブーダンスを楽しむ。	◆3拍子に合わせて，活動に取り組めているか。 【知技】

◦ 授業の流れと発問・声かけの具体例

【STEP1】

★3拍子じゃんけんを行う

T　じゃんけん大会をしまーす！

T　ルールは1つ，3拍子に合わせてじゃんけん。

　お手本を見せます。

T　何の数字のときにじゃんけんを出していた？

T　どっちの足だった？

C　1のとき。足は，右のときと左のときがあった。

T　よく見ていたね。もう一回やるのでよーく見て。

T　できる人からまねして先生とじゃんけんするよ。

　3拍子じゃんけんのステップをしながら先生とじゃんけん！　隣の子や周りの子を見ながら，お互いにステップをマスターしましょう。

　ステップができるようになったら，ペアになってじゃんけん大会をします。何度も繰り返し行うことがポイントです。

　5回連続や，10回連続じゃんけんなど，ルールを変えながら3拍子のリズムの感覚を捉えて自然に動けるようにすることで，本活動に無理なくつなげていくことができます。

【STEP2】

★参考映像を鑑賞する

　「ティニクリン」は，ティニクリングという鳥の名前からつけられたバンブーダンスの曲の名前です。竹を使って3拍子のステップにのって踊ります。

　この鳥を捕らえるために餌を置いて罠をかけ，ティニクリングがその罠にかからないように，素早く餌を食べて逃げる様子を踊りにしたものです。

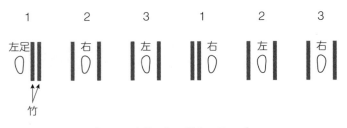

「ティニクリン」の基本ステップ

　映像から伝わる雰囲気や，フィリピンの音楽的な香りを味わいましょう。

★**基本ステップを習う**

T　指で竹の動きをやってみよう！

T　「そと，なか，なか」と言いながらやるよ。

２人ペアで

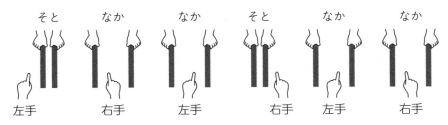

「そと，なか，なか」と言いながらやる

　全員ができるようになったら，次のように声をかける。

T　今度は３拍子じゃんけんの動きを「そと，なか，なか」と言いながら連続でできるかな？

T　できたらそれを指でやってみよう。

★**ペアで向かい合って指でダンスをする**

　特に，竹の役の人のタイミングが大切であることに気づき始めるでしょう。

T　うまくいった人，何が大切か，うまくいかない人に教えてあげられる人いる？

C　息を合わせる。

C　竹役の人がパッと開くと入りやすい。

C　タイミングを合わせる。

T　いっぱいうまくいくヒントが出てきたね。

T　タイミングが大切ってことは，お互いに３拍子に合わせて動くことが大切だということかな？　他にわかりやすく言い換えられる人いる？

　拍にのってみんなで協力して行うための様々な要因について話し合うとよいでしょう。

【STEP3】

　基本ステップリズムに合わせて，竹を交差しながらバンブーダンスを楽しみましょう。

　竹がない場合は縄跳びでも楽しむことができます。自分たちで工夫したステップをつくる活動に発展させていくこともできます。

「茶つみ」を歌って心も身体も元気になろう！

教材名 茶つみ（文部省唱歌）

本時のねらい

　本時では，伝統的な労働歌を通して曲の特徴を探っていきます。拍子や速度，リズムに焦点を当てていくことで，子どもたちが明るくのびのびと歌えるようになることをねらいとします。

常時活動の位置づけ

　ここでの常時活動では，リズムの特徴に興味が向かう活動を行います。

　リズムで遊ぶことは，子どもたちにとってハードルが低くとても取り組みやすい活動です。教材の様々なリズムを有効に使って遊んでみましょう。

　「茶つみ」では，ノリのよいテンポ感やリズムなどを捉えることができると，自然に声が明るくなってきます。また，拍にのってリズムの特徴を捉えることで，この教材のわくわくした雰囲気が出てきます。

　本時で伝えていきたいねらいに沿った常時活動を行うことを大切にしましょう。

本時の指導案

過程	○学習内容　・学習活動〔共通事項〕	◇教師の働きかけ　◆具体の評価規準
STEP1	○リズムで曲当てクイズで遊ぶ〔リズム〕（常時活動）。 ・これまでに習った曲や流行っている曲のリズムを手拍子して子どもたちが曲を当てていく。 例： 　かたつむり 　かっこう　　　　など	◇リズムが特徴的な曲を選んでクイズにしましょう。長い曲はサビの部分だけを取り上げて出題しても効果的です。テンポよく何題か出題してみてください。 ◇なかなかわからなかったらヒント（歌詞を口パクしたり）を出して子どもたちがわかるように支援しましょう。 ◇問題を出す役を子どもにしても楽しいと思います。

		◆リズムをしっかり聴いて曲を当てようとしているか。【態度】
STEP2	○曲探しをする。 ・「茶つみ」のリズムを教師が楽器などでたたいて教科書のどの曲のリズムかを探す。難しければ途中から少し歌詞を添えてみてもよい。 ○曲を歌ってみる。 ・何度もリズムを聴いているので，ここでは旋律をピアノやCDなどで聴きながら歌う。 ・歌えてきた子は立って歌ってもらう。 ○動作を入れて歌う。 ・旋律のリズムをたたいて歌う。 ・旋律の拍子（4拍子）をとりながら歌う。 ・休符に足踏みを足して歌う。 ・クラスを半分に分けてリズム打ちと拍打ちを合わせて歌う。 ○動作を入れてラップをする。 ・リズムボックスなどを活用して少しテンポを上げて動作をつけて歌詞をラップ調（音程はつけないでリズムは正しく）で読む。動作は，子どもたちと新しく考えてみてもよい。基本のものを少し難しくするのもよい。その際，休符は足踏みを入れるなど，休符にも着目する。	◇リズムだけでもしっかり曲がわかることを，子どもたちが体感できるようにしましょう。 ◇クイズ感覚で楽しめる雰囲気づくりを大切に取り組んでみてください。 ◇新しい教材に入るときは，単調な授業になりやすいので，できるだけテンポよく授業を進めていきましょう。 ◇まずは教科書などに書かれている手遊び（動作）を入れて歌ってみましょう。 ◇少しずつ動作を増やしていくとミッションが増えていく感覚で何度でも歌えます。 ◆「茶つみ」のリズムをしっかり捉えているか。【知技】 ◇少し大げさにラップ調で読むと楽しい雰囲気になっていきます。また，リズムも明確になってくるので大げさに言ってみましょう。 ◇テンポをどんどん上げてやってみましょう。テンポが上がると，子どもたちはわくわく感をもって活動へ取り組んでくれます。 ◆速度の変化に合わせようとしているか。【態度】
STEP3	○リズムを感じて音程も入れて歌う〔旋律，リズム〕。 ・ラップ調で歌った活動を生かしてリズム感を大切に歌う。 ・弾むようなリズムが使われているのはどうしてかも考えてみる。 例： ・始まりの休符を感じて歌う。 ・「ちかづく」の部分のリズムをはっきり歌う。 など	◇STEP2で考えた動作もつけて歌ってみましょう。 ◇この曲は，リズム感をしっかり出してわくわく感を感じられるようにしたい教材です。その雰囲気を子どもたちが味わえるように心がけましょう。 ◆音の高さ，リズムをしっかり捉えているか。【知技】 ◆リズムの特徴に対して自分の考えをもっているか。【思・判・表】

○ 授業の流れと発問・声かけの具体例

使用教材：用意するものは，「茶つみ」が載った教科書と電子オルガンなどについているリズムボックスです。

【STEP1】

★リズムで曲当てクイズで遊ぶ

T　みんなー。リズムでクイズをやるよー。

T　旋律がないから難しいかもしれないけどよく聴いてね。では，いくよー。

C　んーーー??

C　もう一回!!

「かたつむり」「きらきら星」「かえるのがっしょう」など，リズムに特徴があるものやわかりやすいものでまずは取り組んでみましょう。途中歌詞を口パクで言うのも効果的です。子どもたちがしっかり正解できるようにヒントを出していきましょう。

また，子どもたちの「もう一回」という声を大切にしましょう。クイズなので楽しい雰囲気を大切にします。

T　誰か，自分の知ってる曲でリズムクイズを出せる人はいるかなー?

T　一回問題が出せないか自分の知っている曲でリズム練習してみよう。

机や手拍子で確認します。

C　パンパンパンパン…

T　じゃあ，やってくれる人ー??

もし誰か手を挙げてくれたら，曲とリズムが合っているか教師が確認して問題を出してもらいましょう。

【STEP2】

★教科書からの曲探しをする

T　じゃあ，次は教科書の中の曲のどれかをリズムたたきするね。

ここですぐに教科書を出した子どもがいたら，その反応のよさを認めてあげましょう。

リズムだけは難しいので，はじめの「スン」（休符）を言ってあげたり，歌詞を口パクしたりとヒントを増やしていきましょう。

T　わかった人は，先生のリズムに合わせて歌詞を言ってみてね。

C　♪な・つ・も・ちーかづく…

T　おーーー!　わかってきた人がいるねー。

T　先生のリズムとぴったり歌詞が合っている人がいるよー。何ページかな??

C　○○ページ！！

T　正解ー！

T　じゃあ，みんなでリズムをたたいてみようか。

C　（手拍子で）♪なつもちーかづく…

T　リズムでできるから歌詞でも歌ってみよう！！

　　何度か歌ってみましょう。

T　歌えるようになってきたら，立って歌ってみてね。

T　歌詞も1番から覚えていこう。

　　歌詞を覚えてきたら，手遊びの動作も入れていきましょう。

T　慣れてきたら，先生の手拍子に合わせて歌詞を言ってみるよー。

　　リズムに合わせて，ラップ調の言い方をまずは教師がやってみせましょう。

　　手拍子→拍子を打つ　　　声→♪・なつもちーかづくはーちじゅうはちや…

T　じゃあ，みんなもやってみようね！　いくよー。

　　できるようになってきたら，次は友達と手遊びも入れていきましょう。電子オルガンなどのリズムボックスを使うとやりやすくなると思います。

　　テンポを上げていくと，リズムによる曲の力強さも感じやすくなるのでやってみましょう。

【STEP3】

★リズムを感じて歌う

T　もうリズムもしっかり身体に入ってきたね。

T　このリズムをしっかり感じながらみんなで歌おうね。

T　ところで，この「弾むようなリズム」をこの曲で作曲家さんが取り入れたのは，なんでだろうね？

C　わくわくしながら茶摘みをしている様子。

C　たくさんお茶がとれてうれしい様子。

C　早くお茶が飲みたーいという気分。

　　このように，音楽の特徴から考えを形成する習慣をつくっていきましょう。「思考＝表現」という体験は，高学年の歌唱表現にもつながっていきます。また，こここそ音楽の要素で子どもたちが自由に発想できる時間なので大切にしましょう。

T　なるほど！　どれも素敵な考えだよ！！

T　その想いもしっかり声にのせて，リズムを大切に歌おうね。

　　このように歌った後に，何も気にせず歌ったバージョンも歌って比較すると，考えや意識で表現が変わることを子どもが体感できると思います。

重なり合う音の響きを味わいながら弾こう！

教材名 パフ（ピーター・ポール＆マリー作詞作曲）

本時のねらい

この教材は，リコーダー2本でも美しい音の重なりを感じ合うことができます。自分のパートを演奏しながら他のパートとの音の重なりを感じ，拍にのって，互いに音を聴き合いながら演奏しましょう。そして，友達と楽器を合わせていく合奏の面白さや楽しさを味わいましょう。

常時活動の位置づけ

本時で音の重なりに焦点を当て，その音楽的面白さやよさに気づき演奏するために，常時活動を通してあらかじめ，リコーダーを使った3度や5度の音の響きを味わう活動をしておくとよいでしょう。その際，できるだけ子どもに負荷のかからない方法を考えていきましょう。ここでは，「クロック・オーケストラ」（p.21参照）のようなゲーム性の高い常時活動をご紹介します。

また，運指でつまずく子どもも多いので，難しい運指を常時活動での楽しい活動の中で，日頃から復習したり練習したりしておくとよいでしょう。

本時の指導案

過程	○学習内容　・学習活動〔共通事項〕	◇教師の働きかけ　◆具体の評価規準
STEP1	○「クロック・オーケストラ」リコーダーを使って3度と5度※で遊ぶ〔音の重なり〕（常時活動）。 ・リコーダーを使った1分間の「クロック・オーケストラ」で遊ぶ。3度バージョン，5度バージョンの時計楽譜をあらかじめつくっておくとよい。 ・運指の練習をする。	◇時計の針を指揮者とするため，教師は机間指導がしやすいです。そこでリコーダーの運指ができているかもしっかり確認しましょう。 ◇少しやりづらい運指の音も入れて慣れていきましょう。 ◆リコーダーを手に持ち，それぞれの音をしっかり出そうとして音に向き合えているか。 【態度】

	※「度」とは音と音との幅を示す単位 　　例：ド→ミ＝3度	◇子どもたちが，教師が準備したものとは違う音を提案してきたらどんどん採用しましょう。新しい音を知るきっかけとなります。子どもたちから出てきたときこそ成長のチャンスと捉えて活動に取り組んでいきましょう。
STEP2	○「パフ」を歌う。 ・旋律になじむ。 ・「グループ音階名パズルゲーム」を行う。 ・グループは4人くらい。リコーダーの上のパートは黒色で示し，下のパートはピンク色で示す。 ・音階名が書かれた8枚のカードを順番に並べる。教科書の楽譜を見てもよい（模範CDをかけておく）。 ・パズルを並べ終えたら，グループごとにリコーダーで練習する。 ・実際に吹いてみて何か順番が変だったらパズルの順番をどんどん変えてもよい。 ・クラス全体で吹いてみる（間違っていると思ったグループは直してよい）。 ・クラス全員で確かめながら，カードを前の黒板に順番通り並べる。 ○自信のある子は下パート（ピンク）の音に挑戦してもよい。	◇まずは歌から旋律に慣れていきましょう。 ◇パズルは2小節ずつ示しましょう。 ◇楽譜につなげていくためにパズルなどを使って楽しく進めていきましょう。 ◇音源は何度も流してあげましょう。 ◇グループごとに考えを共有しながらパズルの完成を目指しましょう。また，グループごとの練習を教師はしっかり支援しましょう。 ◆根拠をもってパズルを並べているか。 　　　　　　　　　　　【知技，思・判・表】 ◇ここまで何度も聴いているので，リコーダー演奏もやりやすくなっていると思います。 ◇できるようになった子どもはどんどん進めていきましょう。
STEP3	○クラス全体で合奏する。 ・さらに他の楽器のパートがある場合は，同じような階名パズルゲームから取り組むとよい。ゲーム感覚で楽しみながら階名唱ができ，少しずつ楽譜と仲よしになってくる。他にも楽器のパートがあり，全てのパートで合わせるときは時間を少し多めにとって丁寧に進める。	◇基本的には，まずは旋律を演奏しましょう。その後，他のパートも演奏できる子どもがいたらパートを増やします。 ◇合奏することを焦るあまり，主旋律も習得できずに終わってしまうことがあるので，まずは主旋律から丁寧に練習しましょう。 ◆主旋律の演奏ができているか。【知技】 ◆他のパートが入ってきても自分のパートが演奏できているか。【知技】

⚬ 授業の流れと発問・声かけの具体例

使用教材：用意するものは，秒針のあるアナログ時計です。

【STEP1】

★「クロック・オーケストラ」で遊ぶ

T 時計の青の音符の方を，時計の秒針に合わ
　せて演奏できるかなー？

C いけるいける！！

T では，やってみよう。

T （1分終わったら）できるねー。じゃあ次
　は内側の赤色の音符もやってみよう。

　同じ流れでやってみます。また，演奏する音
は「パフ」で出てくる音をうまくつくって提示
しておきましょう。

T じゃあ，次は同時にやってみよう。

T 青の音符か，赤の音符か演奏する色を決め
　てね。

時計楽譜（外の円が青の音符，内の円が赤の音符）
※どこでブレスをとったかをそれぞれの子どもでチェックして書いてみましょう。

　時計が先導してくれるので，教師は机間指導などで運指確認などをしましょう。

　また，時計の提示は秒針のあるアナログ時計が必要となります。私は，ICT機器をHDMI
でテレビなどにつなげてアナログ時計を出して活動しています。

T 次は音変えてみようかー。みんながリコーダーで弾ける音ならOK！

C 高いドー。

T 12から始まってどこの数字までいける？

C 3！

T OK。

　この流れで子どもが決めた旋律でもやってみましょう。

【STEP2】

★「パフ」を歌って，演奏する

T これからカード並べ替えゲームをやるよ！

T みんなに渡したカードをグループごとに協力して音楽を聴いて並べてね。

T じゃあ，CD流すからねー。

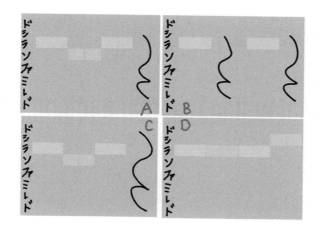

グループ音階名パズルゲーム（例えば，わらべうた「ほたるこい」で考えると上記の通りです。
順番は「B→C→D→A」となります。このような方法で「パフ」でも作成してみてください）

　ここでのポイントは，音階の高さが視覚的にわかることです。視覚的にもわかることで，子どもたち自身で答えがわかるようになってきます。

　また，音階名が書いてあることで，リコーダーの練習も各自で行いやすくなります。

C　順番わかった。

T　じゃあ，一回 CD に合わせて歌ってごらん。

T　大丈夫そうだったら，発見したグループでリコーダーをさっそく練習してみよー。

　階名が書いてあるので，自分たちの中で練習が進めやすくなると思います。その後，カードの順番が合っているかみんなで確認し合いましょう。

T　みんなカードが合っているかチェックしてね。CD に合わせて正解を貼っていくよー。

　「パフ」の CD を流します。

T　どうだったかな ??

T　順番が合っていたら引き続き練習してみよう！

【STEP3】

★合奏をする

T　じゃあ，吹けるようになったかカードごとで確認するね。まずはAのカード。

　カードごとで行うことで，1回1回の演奏する長さが少なく，自分が苦手な箇所も明確にわかるので効果的です。

　できなかったカードも覚えておくように伝えましょう。

T　初めから全部通してみよう！

T　下のパートもできる人がいたらやってみようね。

　ハーモニーを味わえるように丁寧に練習しましょう。

十五夜のメドレー！

教材名　うさぎ（日本古謡）

本時のねらい

　秋の満月は，息をのむほどきれいですね。現代においてもフルムーンは我々に夢や希望を与えてくれます。

　本時では，江戸時代から歌い継がれてきた「うさぎ」を通じて日本の音楽や伝統に親しみをもつとともに，この曲を形づくっている大切な要素の一つである日本の音階や旋律に興味をもち，それらを使って「うさぎ」の背景音楽をつくる音楽づくりをします。

常時活動の位置づけ

　事前の歌唱活動では，言葉やそのまとまりを大切に，語りかけるように歌いました。その活動の続きとして，常時活動ではアイコンマップを使って自分たちでこの歌に使われている音を見つけ，階名唱をします。

　そして，ここで使われている日本の音階に慣れるために，リコーダーや鍵盤ハーモニカ（お箏（平調子に調弦）でも可）でまずは，ラとシの２音で弾けるわらべうた「たこたこあがれ」に挑戦します。

　さらに，もう１音ファを加えて，３音で「うさぎ」のはじめの２小節を弾けるようになるようゲーム感覚で取り組み，日本の音階に親しみましょう。

　本活動では，この２小節のフレーズをオスティナートとして，日本の音階を使ったメロディーと曲のイメージに合う楽器の音色を加えて音楽づくりを行います。常時活動で日本のふしに親しんだ経験を基盤に，音楽づくりに取り組むことができるでしょう。

◦ 本時の指導案

過程	○学習内容　・学習活動　〔共通事項〕	◇教師の働きかけ　◆具体の評価規準
STEP1	○アイコンマップで階名唱をする〔旋律・音階〕（常時活動）。 ・はじめの音がファということを伝え，クラスで残りのアイコンに階名をつけていきましょう。 ・この歌に使われている音が何か見つける（レミファラシド）。 ○吹いてみる。弾いてみる。 ・シ，ラで「たこたこあがれ」を弾いてみる。 ・シ，ラ，ファで「うさぎ」のはじめの2小節に挑戦する（オスティナート）。 ・シ，ラ，ファ，ミの音を使って自由に弾いてみる（即興）。	◇アイコンによる音楽マップを提示し，音の長さと高さを示していることを確認します。 ◆階名唱ができているか。【知技】 ◇音階の図を前に貼っておくと，子どもたち自身で音階を歌うことができます。 ◆使われている音がわかっているか。【知技】 ◇リコーダーや鍵盤ハーモニカ（お箏）などを弾いてみることで，日本のふしにより親しみを感じるようになります。 ◇ここでの活動が本活動の音楽づくりでのベースとなります。 ◆楽器で演奏することができているか。 【知技】
STEP2	○「うさぎ」のバック（背景）の音楽をつくる。 ・グループ（4〜6人）で，背景音楽に合う楽器を選び話し合う（ワークシート）。 ・オスティナート役，即興役，楽器役を決めて弾き方を工夫しながら練習する。 ○グループごとに発表する。 ・発表グループ以外の子どもは，「うさぎ」をハミングで歌う。 ・感想や意見を述べ合う。	◇常時活動で練習したオスティナートをベースに即興演奏と他の楽器を組み合わせて音楽づくりをします。 ◇グループが協働して音楽づくりをすることで，音楽についての対話が生まれてきます。その対話を活性化できるよう支援しましょう。 ◆情景を思い浮かべながらそれに合う楽器や奏法を考え工夫して表現できているか。 【思・判・表】 ◆日本のふしに親しみ楽器で演奏できているか。 【知技，態度】 ◆グループのメンバーと話し合ってパートの分担や構成を決めているか。【態度】
STEP3	○十五夜のメドレーをする。 ・グループが順番に続けて発表する。	◆「うさぎ」のイメージに合う音楽をつくることができているか。【思・判・表】

◦ 授業の流れと発問・声かけの具体例

【STEP1】

★アイコンマップで階名唱歌をする

T　もしも，最初の音がファだったら次の音は何かわかる？

C　ファ。

T　えっ，何でわかったの？

C　同じ高さだから。

T　じゃあ，その次はわかる？

C　ラ。

T　どうしてそう思うの？

C　1つ音がとんでいるから…ラ。

T　なるほど。

T　それじゃあ，その他の音も，先生が教えなくてもみんなで読めるかな？

C　読めるー！

　アイコンは音の高さと長さを表しています。

　視覚的に音の動きを見ることができるので，楽譜が読めない子どもでも比較的簡単に階名を読むことができます。

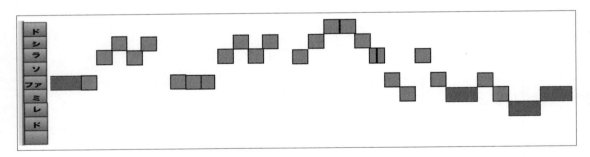

「うさぎ」のアイコンマップ

　子どもの「どうしてそう思ったか」の説明の中に「音が上がっている」「1つとんでいる」など音を読むためのヒントがたくさん隠されていて，それを共有することでクラスの子どもたちが自分たちの力で音を読もうとするきっかけになることがあります。

　アイコンを使って音符を概念的に理解することで，音符のもつ意味を理解したうえで読譜の力をつけることができるので，このアプローチは大変有効です。ぜひ，読譜への移行期にお使いになってみてください。

★歌った音を書き出す

　全員で階名唱をしながら歌った音を書き出していきましょう。

何の音が使われていたかな？　一目瞭然です！（レミファラシド）

★「たこたこあがれ」オスティナートに挑戦する

　楽器を使って，簡単な2音（シとラ）で弾けるわらべうた「たこたこあがれ」から始めて，少しずつ音の数を増やしていきましょう。

　お箏を使う場合，平調子に調弦しましょう。また，指練習プリントなどで練習するとよいでしょう。

【STEP2】

　グループのメンバーと話し合って，パートの分担や役割を決めます。

★表現の内容：それぞれどんな様子や情景を表したいですか？

★表現の方法を決めよう！
①オスティナート（リコーダー，鍵盤ハーモニカ，お箏，シロフォン）
②ミファラシで即興
③その他の楽器
・音素材（どの楽器を使う？　どう演奏する？）
・組合せや順番（どこで，誰が，どの楽器を，どう演奏する？）

★まとめ方の工夫：表現・構成の工夫
・音を出す，止めるタイミング（合図）の取決め（誰が？　どんな指示？）
・音のメモや記録の工夫（必要であれば。なしでもよい）

音楽づくり，グループでの話し合いのポイント

【STEP3】

★グループが順番に背景の音楽を演奏する

　それぞれのグループが表現する十五夜のイメージを，音の響きで味わい楽しみましょう。

祭りばやしを楽しもう！

教材名 阿波踊り（徳島県民謡）

本時のねらい

　日本の各地には様々なお祭りがあり，それぞれお祭りを盛り上げるための独特な音楽，祭りばやしがあります。地域に伝わる祭りばやしや，日本の楽器に親しむことは，伝統を継承していくうえでとても大切です。

　今回は，「阿波踊り」を鑑賞教材として取り上げます。日本の楽器の音や音楽に親しんだり，おはやしの特徴などについて興味をもつとともに，リズムにのって踊ったりかけ声をかけたりすることで祭りばやしに親しみましょう。

常時活動の位置づけ

　日本の各地にはいろいろなお祭りがあり，それぞれ特徴のある祭りばやしが伝えられています。「阿波踊り」は2拍子のリズムと情緒あふれる音色（ぞめき）をベースにした音楽が特徴です。横笛の伝統的な旋律を守りながらも，各連（グループ）のスタイルに合わせた個性豊かなおはやしや踊りによって人々を魅了します。

　常時活動では，まず，映像を鑑賞し，そこから気づいたことを書き出し発表し合います。鑑賞で見た楽器や踊りの様子，お祭りの雰囲気を感じ取り，本活動の鑑賞へとつなげていきましょう。

本時の指導案

過程	○学習内容　・学習活動　〔共通事項〕	◇教師の働きかけ　◆具体の評価規準
STEP1	○「阿波踊り」の鑑賞をする〔リズム・旋律〕（常時活動）。 ・どんな楽器が使われていた？　動きは？　踊りは？　ウェビングマップを使って気づいたことを書き出す。 ・Yチャートを使って，①お祭りの雰囲気，②	◇祭りの雰囲気，かけ声，使われている楽器や踊りの特徴など気づいたことを誰もが自由に表せることができる温かい空間をつくりましょう。 ◆日本の伝統的なお祭りやおはやしの楽器や音

	使われている楽器，③音楽の雰囲気に関することの３つのカテゴリーに分ける。 ・それぞれのカテゴリーについて話し合う。	楽に関心をもっているか。【態度】
STEP2	○踊ってみる（踊りパート）。 ・かけ声の練習。 　「えらやっちゃ，えらやっちゃ 　　よいよいよいよい」 ・踊りの特徴を知る。 　２拍子にのり，右手と右足，左手と左足を同時に出す。 　右右，左左，右右，左左 ○演奏してみる。 ・それぞれの楽器のパートを練習する。 ・「三味線パート」（鍵盤ハーモニカ） ・「横笛パート」（ソプラノリコーダー）シレミを使って自由に（上のファ，ソを加えてもよい）。 ・「大太鼓」「締め太鼓」「当たりがね」のリズムに挑戦する。 ○おはやしゲームで遊ぶ。 ・楽器の名前が書かれたカードを子どもが引き，引いた楽器のパートを担当しておはやしを演奏する。カードを引かなかった子どもは「三味線」（鍵盤ハーモニカ）を演奏する。	◇映像で見たお祭りの雰囲気を大切に，元気よく楽しんでかけ声や踊りができるよう促しましょう。 ◇２拍子にのって楽しく踊れる雰囲気をつくりましょう。 ◇それぞれの楽器のパートは，子どもがやりたいリズムを選んでかまいません。大切なのは全員が楽しみながら参加できることです。 ◆日本的なおはやしの表現に関心をもっているか。また，太鼓の基本的な奏法や口唱歌<ruby>口唱歌<rt>くちしょうが</rt></ruby>なども身につけているか。【知技，態度】
STEP3	○クラスで「阿波踊り」を楽しむ。 ・クラスを踊りグループとおはやしグループに分ける。即興的にできるおはやし音楽を楽しみ，最後はかけ声でしめる。	◆「阿波踊り」の音楽を実際に踊り味わうことで，日本の独特なおはやしの構造や音楽要素を理解しているか。【知技】 ◆おはやしの響きを感じ取り，自分たちでおはやしや踊りを楽しむことができているか。 【態度】

○ 授業の流れと発問・声かけの具体例

【STEP1】

★「阿波踊り」を映像鑑賞する

　「阿波踊り」の映像鑑賞はかなり迫力があります。映像を見て気づいたことを，自由に書き出しましょう。思ったこと，感じたことをアウトプットできることがポイントです。

　次に，それぞれが気づいたことを共有し，思考ツール（ウェビングマップやYチャート）等をカテゴリーごとに整理していきます。そこで話し合ったことをベースに，本活動を行います。

【STEP2】

★「阿波踊り」組合せゲームで遊ぶ

　阿波おどりの独特なおはやしを奏でる楽器「鳴り物」（大太鼓，締め太鼓，当たりがね，横笛，三味線）の組合せを楽しむゲームです。まずは，「かけ声」と「踊り」を練習します。2拍子のリズムと音色に合わせてお祭りの雰囲気を楽しみましょう。

　次に，基本的な鳴り物の演奏方法を習い，それぞれの楽器を練習します。そして，クラスで「にわか阿波踊り」を楽しみましょう。

　活動のポイントは，阿波踊りを楽しみながら体験することです。なかなかリズムにのれない子には，慣れるまでリズム打ちを続けたり，一人ひとりがやりたい楽器を選んだりすることができるようにしましょう。

　ここで大切なのは，不要な失敗感を与えないようにしながらその子ができる楽器，できるリズムを増やしていくことです。おはやしは子ども同士が教え合いながら，助け合いながら楽しく続けていく中でどんどん上達していくことが，（社会的参加によって養われる）本来の地域に根づくお祭りのよさと言えます。授業でも同じような視点で活動を行いましょう。

★おはやしゲーム

　カードを子どもが引き，引いた楽器のパートを担当しておはやしを演奏します。

用意するカード (15枚)：

　①「横笛」（ソプラノリコーダー）（即興）×3

　②「大太鼓」×3　③「締め太鼓」×3　④「当たりがね」×3　⑤「自由」×3

　（自由のカードを引いた子は，自由に楽器とリズムを選んで演奏することができます）

　カードを引かなかった子どもは「三味線」（鍵盤ハーモニカ）を演奏します。どのカードが当たるかわからないドキドキ感がゲームを盛り上げます。音楽ゲームですが，何度も続けるうちに，子どもが気づかないうちに，鍵盤ハーモニカで「ぞめき」を弾けるようになったり，太鼓のリズムが打てるようになったりします。そして，即興的にできるみんなのおはやしを楽しむ経験をしながら，様々な技能や表現力を身につけていくことができるでしょう。

「三味線」（鍵盤ハーモニカ）（ぞめき）

① 「横笛」（ソプラノリコーダー）シレミを中心に即興する（上のファ，ソを加えてもよい）
② 「大太鼓」

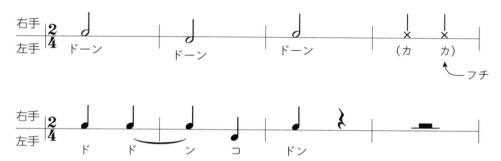

③ 「締め太鼓」

④ 「当たりがね」

⑤ 「自由」

【STEP3】

★「阿波踊り」を楽しむ

　クラスを踊りグループとおはやしグループに分けます。即興的にできるクラスの「阿波踊り」でお祭り気分を味わい，最後はかけ声でしめましょう！

声が重なり合う美しさを味わおう！

教材名 もみじ（高野辰之作詞／岡野貞一作曲）

本時のねらい

　この教材では，２つのパターンで音の重なりを味わうことができます。前半はカノン（追いかけっこ）的なハーモニー，後半は縦のラインがそろうハーモニーです。この２通りのハーモニーを生かして声が重なり合う美しさを味わってほしいと思います。

常時活動の位置づけ

　本時でポイントと考えたいのが，カノンで始まる前半と後半に出てくる３度のハーモニーです。子どもにとって３度のハーモニーを習得するのは難しい技術です。だからこそ常時活動では楽しみながら３度の響きに耳が慣れる活動を取り入れたいです。

　常時活動で３度の響きに慣れておくことで，本時の活動では，３度の響きを負荷が少なく味わうことができます。同時に子どもたちは，３度の響きを通して表現するためのイメージを広げてくれます。ぜひ，表現するための手段としてハーモニーを味わえるように常時活動を大切に実践に取り組んでいきましょう。

本時の指導案

過程	○学習内容　・学習活動〔共通事項〕	◇教師の働きかけ　◆具体の評価規準
STEP1	○「かえるのがっしょう」で遊ぶ〔リズム，音の重なり〕（常時活動）。 ・ペアで手の甲を合わせてリズム歌いをする。 ・ペアでカノンにしてリズムたたきをする。ここでは手拍子の音でカノンを感じる。 ・声でもカノンで歌い音の重なりを感じる。終わり方は指揮者（教師）の伸ばす合図でその音を伸ばす。 →カノンでもやってみる。	◇まずはいろいろな子ども同士でのコミュニケーションを，リズム活動を通して大切にしましょう。また，友達とリズムを共有して確認するのはリズムを学ぶうえでも大切な時間です。 ◆リズムを感じてペアで活動しようとしているか。【態度】 ◇はじめは斉唱で慣れていきましょう。カノンにすることで途中３度の響きを味わうことができます。また，３度でハモる部分を途中止

		めて伸ばして歌うことでハーモニーを味わい やすくなります。3度になる場所で確認しま しょう。 例： 　♪ドレミファミレド　ミファソラソファミ 　　　♪ドレミファミレド
STEP2	○「もみじ」の旋律・副旋律を手拍子で歌う。 ・それぞれの旋律のリズムを大切に手拍子で歌 　う。リズムと同時に旋律の音程も覚えてきた 　ら声を出してよい。 ・それぞれのパートが自分でできるようになっ 　たら，手の甲を使ってそれぞれのパートを友 　達と手合わせ歌いをする。 ・手を前に出して右手は手のひらを上，左手は 　手のひらを下にしてペアを組む。ペアでソプ 　ラノリズム，アルトリズムのどちらをたたく 　かそれぞれ決め，右手で相手の手の甲をたた 　き合う。 ○パートに分かれて歌う。 ・それぞれのパートで言葉のはじめ（語頭）を 　歌うときだけ立つ。立つタイミングの違いを 　きっかけに音の重なり方の特徴に迫る。	◇手拍子でやることで音の重なりを感じましょ 　う。大きな負荷を感じないようにするのも手 　拍子でやるポイントです。 ◇どちらのパートの手拍子もやっているのでリ 　ズムが気に入ったパートから音を入れてみる 　といった手段もよいかと思います。 ◆「もみじ」のリズムを捉えて友達と活動しよ 　うとしているか。【態度】 ◇ソプラノリズムをたたきながらアルトを感じ 　るといった体感で音の重なりを味わわせまし 　ょう。このときにピアノなどで旋律・副旋律 　を弾いてサポートできれば，より子どもたち 　の中にメロディーが入ってくると思います。 ◇それぞれのパートの音を何度か確認するとよ 　いでしょう。その際，どちらのパートも全員 　で確認しましょう。 ◆各パートの音程・リズムがとれているか。 　　　　　　　　　　　　　　　　　　【知技】
STEP3	○前半と後半の音の重なりの違った特徴から， 　その違いの意図を考える。 　前半→カノン的 　後半→縦のタイミングがそろう 例： 　「前半はそれぞれの言葉をいろいろな人があ 　ちこちで言っているイメージ」 　「後半はハーモニーが景色の彩を出している」 ○考えをもとに表現へつなげていく。 ・前半は，いろいろな場所から声が聴こえてく 　るイメージで追いかけ合いを歌う。後半は， 　彩を感じることができるようにハーモニーを 　しっかりつくりだして歌う。	◇普遍的な事実（カノン，縦のタイミング，強 　弱など）をきっかけに各自が自由に広げるこ 　とができる想いがもてる習慣をつくっていき 　ましょう。その想いこそが表現へつながって 　いきます。 ◇想いが芽生えてきたら，自分の考えを他者に 　伝えていく習慣をつけていきましょう。 ◇想いをもって歌うときと，そうでないときの 　声の違いを子どもが体験できるように心がけ 　ましょう。 ◆自分の考えが表現につながっているか。 　　　　　　　　　　　　　　　　【思・判・表】

○ 授業の流れと発問・声かけの具体例

【STEP1】

★「かえるのがっしょう」で遊ぶ

T　みんな，この曲覚えているかなー??

　「かえるのがっしょう」を「Lu」で歌います。

C　覚えているよー！

T　じゃあ，手拍子でたたいてみよう。

C　できるー!!

T　そのリズムを，友達と手の甲でたたき合ってみよう。

T　次は，ペアでずらしてリズムをたたいてみよう。

T　つられずにたたけた人ー??

C　はーい!!

T　次は，声で追いかけっこしてみようよ。

T　まずは階名ね。

C　♪ドレミファミレド　ミファソラソファミ　ド　ド　ド　ド…

　　　　　　　　　　♪ドレミファミレド　　ミファソラソファミ…

　階名で歌うことで，周りにつられにくくなります。ここではハーモニーを味わうことを目標にしているので，まずは階名唱を大切にします。

　この後は，歌詞でもできるようにつなげていきましょう。

【STEP2】

★「もみじ」の主旋律・副旋律を歌う

T　「かえるのがっしょう」みたいにこの曲でも手拍子で歌ってみよう！

T　ソプラノもアルトもできるかなー。

T　できるようになったら，友達と手の甲でやってみよう。

T　まずはソプラノからねー。

T　（どちらのパートもできるようになったら）ペアで，ソプラノをたたく人かアルトをたたく人を決めてね。ペアでたたき合うよ。

T　リズムがわかってきたから，どちらのパートも歌ってみよう。そのときに言葉の始まり（語頭）を歌うときだけ立ってみてね。

例：♪あきのゆう　ひに　←あのとき立つ

　どちらのパートでもやってみます。

T　じゃあ，両方のパートを一緒に歌ってみよう。言葉の始まりのときは立ってね。

C　♪あきのゆう　ひに　　　　てるやま…

　　　♪あきのゆう　ひに　　　　てるやま…

T　前半の始まりと，後半の始まりって特徴が違うね。

T　気づいた人いる？？

C　前半はずれていて，後半はタイミングがそろっていた。

T　そうそう，よく気づいたねー！

T　じゃあ初めからパートに分かれて歌って，後半のタイミングがそろうところで音を伸ばして歌ってみよう。

C　♪あきのゆう（あきのゆう）…てるやま（てるやまー）…

　　　…まーーーーーー

　後半の歌詞「まつをいろどる」の「ま」でタイミングがそろいます。

T　ここでつられなくなったらすごいね。

【STEP3】

★音楽的特徴から意図を考える

T　前半と後半で，ハモり方の特徴を変えたのはどうしてだろうね？

　指導案の中にも書いたように，いろいろな案が出てくると思います。この部分こそが一人ひとり自由に発想して表現を深めることができる部分です。いろいろな考えをもとに表現を深めていきましょう。

　例えば，後半の特徴から，

C　ハーモニーが景色の彩を出している。

と言った子どもがいたとします。

T　その素敵な考えが表現につながるように，つられずに歌えるようにしたいね。

として，そのために3度の練習をするといった流れになることで，目的をもった手段になっていきます。

　技能は表現をするための手段であることを忘れずに取り組んでいきましょう。

リズムの違いや音の響きを感じ取って演奏しよう！

教材名 茶色の小びん（アメリカ民謡）

○ 本時のねらい

　この教材では，各パートのリズムや楽器の違いをきっかけにそれぞれの旋律に迫っていきます。自然な流れでそれぞれのパートを知り，合奏へつなげていきましょう。

○ 常時活動の位置づけ

　合奏では，それぞれのパートが独立してしっかり演奏できることが必要になってきます。中でも主旋律は，誰もが演奏できるとうれしいですね。そのため，楽しく主旋律が楽器で演奏できるように常時活動で楽器に慣れておきましょう。

　例えば，主旋律をリコーダーで演奏するとなった場合，高いミが難しくなってきます（バロック式の場合はファも難しい）。それらの音が入っていて子どもたちがよく知っている曲を使って，楽器ができる感覚を味わっておきましょう。

　ここでは，誕生日などによく歌われる「ハッピーバースデー」（ミルドレッド・J・ヒル，パティ・スミス・ヒル作詞作曲）をハ長調（「ソ」スタート）で演奏して高いミに慣れていきます。バロック式の場合は変ロ長調（「ファ」スタート）でも演奏してみましょう。

　また，ハッピーバースデーの提示方法ではクイズのような形式から始めて，楽しい雰囲気づくりも大切にしましょう。

○ 本時の指導案

過程	○学習内容　・学習活動　〔共通事項〕	◇教師の働きかけ　◆具体の評価規準
STEP1	○「ハッピーバースデー曲当てクイズ」をする〔旋律〕（常時活動）。 ・先生がみんなと歌いたい曲は何でしょうとピアノなどで1音ずつ増やして聴かせる。 1「ソ」2「ソラ」3「ソラソ」4「ソラソド↑」5「ソラソド↑シ」…	◇クイズにすることで，楽しい雰囲気を大切にします。 ◇曲がわかったときには階名を黒板などに書い

	・曲がわかってきたら一度歌詞で歌った後，階名でも歌ってみる。とても高い音まで使っていることも体感し，楽器が楽にいろいろな高さの表現ができることへつなげていく。 ・リコーダーで演奏してみる。	てあげましょう。 ◆何の曲なのか考えて答えようとしているか。 【態度】 ◇ここで大切な運指は高いソ→ミ→ドです。この運指に慣れておいて「茶色の小びん」につなげていきましょう。
STEP2	○引き続き「曲当てクイズ」をする。 ・「茶色の小びん」の旋律やその他のパートをピアノで弾く。ピアノが苦手な場合はCD音源を使う。 ・旋律を歌えるようにする。 ・旋律以外のパートをリズムで手拍子できるようにする（特に低音部）。 ・手拍子では主旋律をたたき，足踏みで低音部をたたく。 ○主旋律での４つのリズムパターンでそれぞれ練習してみる。 ①ティターティターティタースン×2 ②ターターターターターターターンスン ③ターターターンスンターターターンスン ④ティターティターターターターターンスン ・①のリズムの旋律だけを演奏する。 ・続いては自分ができそうなものを選ぶ。 ・①のリズムは全員で演奏し，プラス１つを選ぶ。 ・この後は自由にそれぞれの子どもが２つのパターンを選んでその部分だけ演奏する。 ・３つのパターン，４つのパターンと増やしていく。	◇旋律を何度も聴けるように工夫して耳からも覚えるようにしましょう。 ◇違うパートもはさんでみると，いろいろな旋律が重なっていることにも自然に気づけると思います。 ◇２つのことを一緒にやるのは少し難しいので何度か練習するきっかけになると思います。その反復練習で教材に慣れていきましょう。 ◇まずはこの４つが聞き分けられるか音源などを使って試してみましょう（①が聴こえたら起立など）。 ◆音源を聴いてリズムの特徴を感じ取り，活動に取り組もうとしているか。【態度】 ◇その後パターンごとにリコーダーに取り組みましょう。パターンにすることで練習の負荷を少なくすることが目的です。 ◇少しずつ技能を習得している実感を，子どもたちが味わえるようにしましょう。 ◇同じリズムパターンで練習すると音が変わるだけなので，リコーダーが苦手な子どもでも１か所でもできたという経験を大切にしましょう。
STEP3	○低音部を鍵盤ハーモニカで演奏する。 ・アイコンを使った資料を準備して子どもたちが自分たちで練習を進められるようにする。 ○リコーダーと鍵盤ハーモニカで合わせる。 ・他のパートを足す場合もアイコンなどを利用して取り組む。	◇低音部は主旋律ほどリズムが大変ではないのでアイコンなどを使うと自分でできるようになってくる子どもが増えてくると思います。 ◇違う楽器での響きの合わさりを大切にしましょう。 ◆違う楽器としっかりアンサンブルできているか。【知技】

○ 授業の流れと発問・声かけの具体例

【STEP1】

★「ハッピーバースデー曲当てクイズ」をする

T　みんなーこの曲わかる？

　　1音だけ聞かせます。

C　それだけじゃわからないよー。

T　じゃあ，2音，どうかな？

　　この流れで音を1つずつ増やしていきましょう。

　　途中で曲がわかったらみんなで歌ってみます。

T　この曲名は??

C　ハッピーバースデー!!

T　大正解ー！

T　これを音符でも歌ってみようかー。♪ソーソーラーソードーシー

　　ここでは，リコーダーで演奏することが目的ですので，音符は板書してすぐに歌えるように準備をしておきましょう。

T　それをリコーダーでも吹けるかな？　やってみよう!!

　　慣れ親しんだ曲でリコーダー演奏や運指に慣れていきましょう。

【STEP2】

★引き続き「曲当てクイズ」をする

T　今度は教科書の中の曲だよーー。

　　このときは，いろいろな声部の旋律を聞かせましょう。はじめはわかりにくい主旋律ではないパートを弾いても面白いです。

　　ピアノが得意な先生は，パートを重ねて弾いてもよいかと思います。

C　わかった!!

T　じゃあ，先生は主旋律を弾くから，見つけた人は，1音ずつ教科書の音符を指さしてついてきてみて。終わりがぴったりだったら正解だね。

T　（ピアノや歌で）♪ミソッソソー，ファラッララー

C　できたー!!

T　では曲名は??　せーの！

C　「茶色の小びん」ーー。

T　正解ーー！　もう歌える人は歌ってみてねー。

T　じゃあ歌えた人は，次は手拍子歌いね。

できるようになったら，教師は低音パートを手拍子で歌いましょう。

T　それもできたら，先生がやっているパートを足踏みでやってみてー。

　　最後は足と手を同時にやってみましょう。ここまでで，かなり耳からもこの曲に慣れていっていると思います。

★リズムパターンを見つけるゲームで遊ぶ

T　じゃあ，次はリズムパターンを見つけるゲームね。

「茶色の小びん」リズムパターン

T　このリズムパターンが出てきたら立ってね。

　　ここでは，①のリズムを提示しましょう。

T　♪ミソーソソー（スン）　ファラーラララー（スン）　←立つ

　　その後も同じ流れで，リズムパターンを提示してゲーム的に行います。

T　まずは①のリズムのところだけは，リコーダーが弾けるようにしよう。

　　その後，1つずつ増やしていきましょう。

T　①のリズムは吹けたかな??　できた人はもう1つリズムを選んで吹けるようにしてみよう。

　　リズムパターンは黒板などに板書していてもよいと思います。

T　それぞれ自分が演奏するパターンを決めてそこだけ吹いてみんなで演奏のリレーをしよう。

【STEP3】

T　リコーダーが全部できた人は，今度は低音パートも鍵盤ハーモニカで演奏してみようかー。

T　もうリズムはわかっているからきっとすぐできるよ。やってみよう。

　　アイコンを使ってそれぞれが各自で練習できるようにしましょう。

T　低音ができるようになった人は，そっちを弾いてみて。リコーダーと鍵盤ハーモニカで合わせてみよう。

曲を好みにアレンジしよう！

教材名 山の魔王の宮殿にて（エドヴァルド・グリーグ）

○ 本時のねらい

　作曲家や演奏家は，音楽のアイデアを反復することで，音楽をより印象的で面白みのある曲へとつくり上げていきます。では，どのような表現の工夫をしているのでしょうか。鑑賞活動を通して，作曲家の表現の意図や工夫を探り，音楽を形づくっている要素とその関わりの中で捉え，そこから得た知識を使って音楽をつくっていきましょう。

　クリエーターの立場に立って音楽づくりを内側から経験し，つくる（創造する）中で学ぶ学び方[8]で創作力を育みます。

○ 常時活動の位置づけ

　この曲は，同じテーマが何度も繰り返されています。基本となるリズムを練習し歩きながらリズム打ちをします。本活動での鑑賞の際，1つのテーマをどのように変化させることで面白みが出てくるのか聴き取る際，フレーズをあらかじめ知っておくことで，より他の音楽要素に耳がいきやすくなるでしょう。

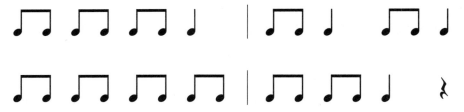

基本となるリズム

8　クリエーティブ・ラーニング（創造的な学び）といい，つくる中で学びを深める学び方。

○ 本時の指導案

過程	○学習内容 ・学習活動〔共通事項〕	◇教師の働きかけ ◆具体の評価規準
STEP1	○テーマのリズムをたたく〔リズム，フレーズ〕（常時活動）。 ・全員で鑑賞曲のテーマとなるフレーズのリズム打ちをする。 ・足踏みしながらリズム打ちをし，最後の四分休符でジャンプする。 ○曲に合わせ，1人ずつフレーズごとに教室の中央に向かって歩く。 ・クラスを4つのグループに分け，教室の四隅に分かれて立つ。 ・教室の中央にフラフープや縄跳びなどで円をつくり，到着地点とする。 ・曲が始まったら，教室の四隅から1人ずつ足踏みとリズム打ちをしながら到着地点に向かって歩く。1フレーズの最後の休符でフラフープ内にジャンプイン！　次の人が歩き始めたら，もとの場所に戻る。曲が終わるまで続ける。	◇前のボードにリズムを表示します。リズムを全員がたたけるようになるよう支援しましょう。 ◇見ている人は音楽に合わせて一緒にリズム打ちをします。 ◇フレーズの終わりでうまく到着地点に辿り着けるよう歩幅を考えて歩くよう支援します。 ◇だんだん速くなりますので安全に気をつけて行ってください。 ◆曲に合わせて身体を動かしながら，鑑賞することができているか。【態度】
STEP2	○（目的をもった鑑賞）作曲家グリーグの表現の工夫を探る。 ・同じメロディーが何度も繰り返されるが，どんどん興奮したのはなぜか考える。 ・ウェビングマップを使って気づいたことを書き出す。グループで共有する。 ・クラスで音楽のメタ次元マップ（円の中に音楽の要素〔共通事項〕をかき込んだマップ）に気がついたことを書き込む。 ○音楽づくり（ガレージバンド） ・ガレージバンドにあらかじめ入れていた「山の魔王の宮殿にて」メインテーマ（1フレーズ）のアレンジバージョンをつくる。 参考音源： "Hair Up" by Justin Timberlake https://youtu.be/Z5cYi1q24JU	◇「この鑑賞活動で得られた情報が音楽づくりのベースになります。同じメロディーが何度も繰り返されますが，どんどん興奮してきました。なぜでしょう？」と問いかけ作曲家が工夫していることについて探っていきましょう。 ◆音楽を形づくっている要素や構造との関わりについて具体的に理解しているか。【知技】 ◆旋律の音色や強弱，速度などを変化させるなど表現の工夫をして音楽づくりができているか。【思・判・表】
STEP3	○作品の発表をし，話し合う。	◆表現の工夫について，音楽的要素と関連づけながら説明することができているか。【知技】

◦ 授業の流れと発問・声かけの具体例

【STEP1】

★テーマとなるフレーズのリズム打ちをする

　足踏みしながら手でリズム打ちをし，最後の四分休符でジャンプします。リズムがうまくたたけるようになったら，子どもたちはグループで教室の四方に分かれます。教室の中央に円（宮殿：フレーズの到達地点となる場所）をつくり，1人ずつそこに向かってフレーズごとに歩いていきます。

　ちょうどフレーズの最後の休符でジャンプインできるよう，上手に歩いてこられるように支援しましょう。次のフレーズで，次の人が動きはじめたら，中央の円からもとの場所に戻ります。速度がだんだん速くなって，歩く速度も速くなってきます。だんだん盛り上がってきます。

【STEP2】

★音楽づくりをする

　Apple の音楽制作ソフトウェア「GarageBand（ガレージバンド）」を使って音楽づくりをします。

　1つのテーマを，
・リズム
・音色
・強弱
・テンポ

など音楽的な要素を変化させながら，アレンジしていきましょう。

　常時活動での経験やその後，表現の工夫などについて話し合ったことが生かされます。

　ポイントは，できあがった作品の（結果）だけではなく，常時活動も含めた鑑賞活動での学習過程でどんな話し合いができたか，発見や学び，（他者や自分自身と）どのようなコミュニケーションができたかが重要です。

　作曲家の意図に，個人的な興味をもって迫ることができたかが大切です。

　鑑賞活動を行う時点で，

T　後で音楽づくりをします。

と伝えておきましょう。

　音楽づくりをするという目的をもった鑑賞活動では，子どもたちの聴く意欲や集中力が格段にアップするでしょう。

【STEP3】

★発表と意見交換をする

T　どんなところがよかった？

T　どんな工夫をしていた？

　全員がクリエーターになったつもりで，表現の工夫とその可能性について話し合います。

ABAフォーム！

教材名 剣の舞（アラム・ハチャトゥリアン作曲）

● 本時のねらい

　「剣の舞」は軽快なリズムが特徴の ABA の三部形式の曲です（ABA Form）。クラスみんなで協働しながら巨大パズルを解く楽しい活動を通して，ＡセクションとＢセクションの曲の感じの違いを聴き取り，曲全体の構造を理解していきます。さらに舞踊映像，オーケストラの映像鑑賞を通して，それぞれのセクションの楽器の音色や演奏方法，フレーズの特徴や面白さを感じ取り，音楽を形づくっている要素とその働きについて考えます。

● 常時活動の位置づけ

　既習曲の中にも ABA の形になった曲がたくさんあると思います。常時活動では ABA の形になっている歌に動きをつけながら歌うことで，動きの違いから曲の構造を把握します。そして，ABA の形になっていることを楽譜上でも確認します。

　本活動の下準備としてまず，音楽を聴きながら「パオー」という音（声のような）が聴こえたら立つ身体反応による鑑賞活動を行い，曲全体の雰囲気を身体で感じます。さらに，Ａ，Ｂパートの音楽マップを見ながら視覚的にＡ，Ｂの旋律の違いに気づき，メロディーの音のイメージを予測します。そして，本活動での鑑賞による問題解決学習「全員で巨大パズルを解こう！」につなげていきます。クラス全員で協力しながらパズルを解く楽しい活動です。

川崎市立東菅小学校にて実践

◦ 本時の指導案

過程	○学習内容　・学習活動　〔共通事項〕	◇教師の働きかけ　◆具体の評価規準
STEP1	○「とんくるりん　ぱんくるりん」を踊りながら歌う〔拍子〕（常時活動）。 ・歌いながら動きをつけて踊る。 ・歌がどんな構造になっていたか確かめる。 ○巨大パズルを解くための下準備。 ・「パオー」が聞こえたら立つ。 ・AとBのカードを見せる。「パオー」はどこにあるかな？ ・A，Bそれぞれのメロディーの特徴を話し合う。	◇動きの違いから歌がABAの形になっていることを確認しましょう。 ◇「パオー」の音に集中して聴くことができるよう声かけをしましょう。聴き取ろうとする鋭敏な耳が育ちます。 ◆A，Bの違いがわかっているか。【知技】
STEP2	○クラスで巨大パズルを解く，鑑賞による問題解決学習を行う。 ・用意したカードを希望者にわたす。 ・誰が，どんなカードを持っているか確認する。 ・「剣の舞」の音源を聴きながら，カードを持った人が自分のパートだと思ったところでカードを持って前に立つ（曲の流れに沿って左から順に並んでいく）。周りの子が助けてもよい。 ・何度も繰り返しながら鑑賞し，巨大パズルを完成させる。 ・全員で確認する。 ・楽曲の形式ABAフォームを確認する。	◇手持ちのカードについて確認しておくことが大切で，これがパズルを解くヒントになります。 ◇子どもたちが納得いくまで何度も繰り返し鑑賞することが大切です。 ◆音楽を聴き，協働しながら音楽の構造を分析していくことができているか。【態度】
STEP3	○参考映像を鑑賞する。 ダンスの映像： Dance of the Kurds and Sabre Dance from the ballet Gayaneh by MariinskyEn など https://youtu.be/rDnJ8JlPieU オーケストラの映像： Khachaturian: Sabre Dance by Berliner Philharmoniker など https://youtu.be/PTYDpMiirRQ ・鑑賞しながら，ABAの形式に沿った踊り（振りつけ）の違い，楽器の違いなどについて気づいたことをノートに書いて提出する。	◆音楽の構造を再確認しながら鑑賞することができているか。【態度】 ◆それぞれのセクションでの様々な楽器の音色や音の重なりなどと関連づけながら鑑賞することができているか。【態度】

○ 授業の流れと発問・声かけの具体例

【STEP1】

★ABAの形式の復習をする

★「とんくるりん　ぱんくるりん」(滝紀子作詞／川崎祥悦作曲) を踊りながら歌う

★「パオー」の部分で立つ

T　曲で「パオー」の音が聞こえたら立ってくださいね。

　ほぼ全員が立ったり座ったりした部分と，立たなかった部分があったことに気づくことが大切です。音楽が ABA の形式かもしれないということを前もって知らせておきましょう。

T　みんなよく聴いていたね。途中で誰も立たないところがあったね。

T　後半の部分で半腰上げている人がいたけど…どうして？

C　それらしき音が聞こえたような…。

T　そういう場所もあったね，よく聴いていたんだね。

T　途中で笑いが起こったところがあったけどどうして？

C　他と同じようにくるかな？と思ったらこなかった…。

T　なるほど，予測したことがすごい！　よく聴いていた証拠だね。

T　では，いったいこの音楽で何が起こっているのか，クラス全員で聞きながら巨大パズルを解いていきましょう！

【STEP2】

★巨大パズルゲーム鑑賞

T　(Aを見せる) さっき，みんなが立ったところはここだったんだね。みんなで小さな声で歌ってみようか。これがAのパートです。

T　そして，これがみんなが立たなかったBのパートです。何が違う？

C　音の流れがもっと，平べったい感じ。

C　なめらかな感じ。

Aパートとバートの音楽マップ

T　そうだね，AとBはまったく違った感じになっているね。

T　それは，これから巨大パズルを解くヒントになるかもね。カードを配ります。

T　これをみんなで協力して，音楽の通りに並べていくパズルゲームです。13枚のカードを配りますが，カードを持ってない子も一緒に考えて助けてあげてくださいね。

　クラス全員で解くパズルなので力を合わせて行うことが大切です。カードを持っている子は

自分のパートだと思ったら前に出てきて並んでください。

どんなカードを誰が持っているかを確認します。「A」（5枚）と「B」（2枚）以外のカードの意味も確認しておきましょう。「Intro」は曲の始めなので，先に前に出て左端に立ちます。「Coda」は曲の最後なので右端に持って立つことを確認します。「小さいブリッジ」と「大きいブリッジ」は，セクションのつなぎです。音楽に耳を集中し，体を拍にのってゆらしたり，カードを持っている子に協力したりしている様子を見取り協働する前向きな態度を評価します。

用意するカード

音楽の流れ（カードを持って並ぶ）

音楽を聴きながら順番に並ぶとき，先生は「今，ここだよ」と音楽がどこにいるのかを手を上げて示してあげるとよいでしょう。

クラス全体で協力してパズルが解けたこと，音楽の構造をみんなで分析できたこと，集中して聴けたことを価値づけましょう。実際このパズルは真剣に聴かなければ解くことはできません。頑張った後，パズルが完成したときは思わず「できたー！」と拍手が起こるのを私は何度も体験してきました。達成感を得られる活動です。

【STEP3】

全体の音楽の構造を前に提示し，再度鑑賞して確認します。ダンスの映像を鑑賞すると，音楽に合わせて振りつけがそれぞれのセクションで違っていることに気づくでしょう。子どもたちは自分たちが分析した音楽の構造とも見比べながら鑑賞することもできるでしょう。

実際のオーケストラの演奏映像も鑑賞しましょう。それぞれのセクションでどんな楽器が使われていたのか，実際の楽器演奏のシーンとを関連づけながら聴くことで，この曲についてさらに理解が深まるでしょう。

曲想や詩の変化を感じ取って表現しよう！

教材名 夢の世界を（芙龍明子作詞／橋本祥路作曲）

本時のねらい

　この教材では，歌詞にある日常の何気ない思い出を懐かしんでいる様子と，これからの未来に希望をもって進んでいく様子を感じ取りながら，前半と後半の音楽的な特徴も加えて表現を深めていきましょう。

常時活動の位置づけ

　この教材を通してねらいに迫っていく中で，技能的なポイントとなるのが後半部分の２部合唱です。ここでの合唱では，３度，５度，６度の音の重なりに慣れておきたいです。声でハーモニーをつくりだすことはとても心地よい空間ですが，その技能が身についていなければ心地よさを感じる前に，活動そのものが嫌になってしまうこともあります。だからこそ，常時活動で楽しみながらいろいろなハーモニーに慣れておきましょう。

　子どもたち一人ひとりがハーモニーのよさを味わえると，合唱という活動そのものにのめり込んでいく子が多くなってくると思います。ぜひ常時活動で楽しみながらハーモニーの世界を味わってみてください。

本時の指導案

過程	○学習内容　・学習活動　〔共通事項〕	◇教師の働きかけ　◆具体の評価規準
STEP1	○音当てクイズをする〔音の重なり〕（常時活動）。 ・音と音の距離を示す単位が「度」であることを伝えたうえでクイズスタート。教師が言った音の５度上を当てる。このときは実際の音の高さでは歌わずクイズにする。 例：「ド→ソ」「レ→ラ」など ・これらの音を実際の音の高さで重ねる。 　　Ｔ　♪ドーーー　Ｃ　♪ソーーー 　　Ｔ　♪ミーーー　Ｃ　♪シーーー	◇距離などにも単位があるように，音の幅にも単位があることは伝えましょう。音程の幅の概念が共有できると音の重なりを学ぶときに授業が進めやすくなります。 ◇クイズの中で技能につながっていくことを大切にしましょう。 ◆音程がしっかりとれているか。【知技】

	・音の幅は「4度」や「3度」にも変えてみる。 ・音が重なった後に教師だけ音を変える。 　　C　♪ソーーーーーーーーーーー 　　T　♪ドーーーシーーーラーーー ・教師が音をいろいろ変えて，最後の幅は何度 だったかをクイズする。	◇クイズ形式だからこそ大きな負荷を感じることなくいろいろな音に挑戦できると思います。 ◇教師が音を変えることで子どもたちは1音伸ばすだけでいろいろな音の幅のハーモニーを味わうことができます。 ◇歌いながらどれだけ聴いていたかの確認にもなります。 ◆音の幅を考えて答えようとしているか。 【態度】
STEP2	○「夢の世界を」の音源を聴いて発見する。 ・拍子は何？ ・強弱はどうなっている？ ・ハーモニーはどこから始まる？ ・サビの部分はどこだろう？ ・どんな歌詞か，くま手チャートを使って整理する。 ○旋律・副旋律を歌う。 ・それぞれのパートを歌えるようにする。 ・主旋律の最高音ミの音で高音に慣れる。この部分だけの音を伸ばして音の高さが合っているか友達と確認する。 ・サビの始まり「さあ」の部分だけ取り出して少人数でハモってみる。	◇歌唱において曲との出合い方は大切です。教師側の発問で何度も子どもが聴きたくなるきっかけになるよう心がけましょう。 ◆曲の特徴を捉えているか。【思・判・表】 ◇1番かっこ，2番かっこのことにも触れてみましょう。 ◇各パートが歌えることは2部合唱につなげていくうえで大切ですのでそれぞれのパートを丁寧に取り組みましょう。 ◇子どもたちは，高音が出るようになったときに歌謡が好きになる子が多いようです。ぜひ高い音にも慣れていきましょう。 ◇少しの音を取り出して，一人ひとりの技能を活動の中で磨いていきましょう。 ◇ハモる気持ちよさも少人数の方が感じやすいので短いフレーズで取り組んでみましょう。 ◆正しい音程でしっかり理解できているか。 【知技】
STEP3	○2部合唱する。 ・クラスを2つに分けてソプラノ，アルトに分かれて歌う。 ・1番と2番でパートチェンジする。 ・男子と女子，誕生月などいろいろな組合せで分かれてハーモニーに慣れていく。 ○表現を深める。 ・前半は「mf」，後半は「f」が使われていることに自分なりの考えをもつ。 例：「前半は懐かしんでいるから，少し穏やかな強さ」「後半は未来へ進んでいく希望があるからf」など ・これらの想いを歌声に反映させて2部合唱する。	◇クラス全員がそれぞれのパートに取り組めるようにしましょう。また，いろいろな組合せにすることで，周りのパートが変わっていくので様々なハモリの感覚を味わうことができます。 ◇ここで音楽を通した思考を深めていきましょう。音楽で思考を深めていくことでその曲への距離感も近くなり歌詞も言わされている言葉ではなく自分の言いたい言葉に変わってきます。 ◆自分なりの考えをもって表現できているか。 【思・判・表】 ◇生まれてきた考えに近づく表現も考えましょう。例：「希望を感じるfを目指して声を出してみよう」など

○ 授業の流れと発問・声かけの具体例

【STEP1】

★「音当てクイズ」をする

T　みんな，音と音の距離を示す単位って知っている？

C　？？？？？？？

　　誰も知らなかったら教えましょう。

T　「度」って示すんだよ。ちなみに数え方は，音符をそのまま数えたら大丈夫。

　　この「度」という単位は，黒板などに書いて伝えるのがよいと思います。

T　ドからミは，ドレミで3度。じゃあ，ドからファは？

C　4度ー!!

T　じゃあ，今度は先生が言う音の5度上を当ててみて。

T　ファ。

C　ド。

T　レ。

C　ラ。

　　この逆で，4度下などもクイズにしてみるとより思考が広がります。

　　また，「どういう組合せだと3度になる？」などのクイズも，子どもたちが音の幅を考える
きっかけになると思います。

T　今度は実際に，音の高さもつけてやろう。

T　♪ドーーー

C　♪ソーーー

T　♪ファーー

C　♪ドーーー

【STEP2】

★「夢の世界を」を歌えるようにする

T　今から一回 CD を流すね。

　　一回流した後から，いろいろな発問をしてみましょう。

T　拍子は何？

T　強弱はどうなっている？

T　ハーモニーはどこから始まる？

T　サビの部分はどこだろう？

T　くま手チャートを使って書いてみてね。

くま手チャートは物事を多面的に見るシンキングツールです。ぜひ活用して音楽を多面的に見る習慣をつけていきましょう。

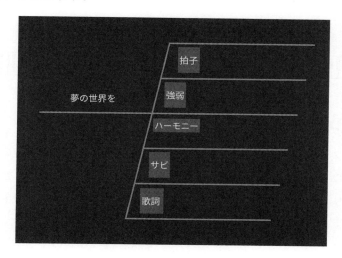

くま手チャートで「夢の世界を」を多面的に見る（画面はロイロノート・スクールより）

C　先生！　もう一回流してーー。

T　おっ!!　やる気のある発言だねー!!

T　もうたくさん聴いたから歌えるかもね。実際に歌ってみよう。

　ソプラノ，アルトに慣れていきましょう。

T　この曲の一番高い音がきたら立って歌おう。

C　♪ほほえみかわして…さあ（立つ）

T　みんなわかっているねー。

T　今度は「さ」の音だけ伸ばして友達と音の高さと音色がそろっているか確認してみよう。

　横に並んで音がそろっていたら手の甲でタッチしよう。

T　この「さ」の部分だけ少人数でハモれる人いるかな??

C　はーーい！

　普段から前向きに活動する姿勢を認めていると，このようなときにも手が挙がるクラスになっていくと思います。

【STEP3】

T　それでは，2部合唱をやってみよう。

T　1番は男子ソプラノ，女子アルト。2番はその逆。

　指導案にも書いた通り，いろいろな分け方でハーモニーを楽しみましょう。その後，音楽の特徴から子どもたちの考えを聴いて，表現へとつなげていきましょう。ここでは，強弱に着目して考えを深めていきましょう。

和音の響きを感じて演奏しよう！

教材名 静かにねむれ（スティーブン・フォスター作曲）

本時のねらい

　この教材では，フォスターの美しいメロディーに合う和音を見つけ，その和音のもつ響きの美しさや機能を感じることを大切にしましょう。さらに，I IV V₇の和音と出合い，新たな音楽の世界，音の重なりの美しさに興味や関心をもってほしいと思います。鍵盤ハーモニカによる和音伴奏を楽しみましょう。

　和音の移り変わりを感じることで，友達と声や楽器を合わせていく合唱や合奏などの表現活動へもつなげていきたいです。

常時活動の位置づけ

　まずは，和音との出合いを大切にし，「わかる」「楽しい」が体験できる活動を行いたいと思います。

　和音（コード）の特徴や音の響きを感じながら，I, IV, V₇のコードで遊びましょう。

| Iのコード | IVのコード | V₇のコード |

　それぞれの和音の構造，しくみ，機能や特徴を，響きとともに身体で感じながら視覚的，聴覚的に理解していくことで，今後の様々な和音を使った活動につなげていくことができるでしょう。

○ 本時の指導案

過程	○学習内容　・学習活動〔共通事項〕	◇教師の働きかけ　◆具体の評価規準
STEP1	○和音で遊ぶ〔和音〕（常時活動）。 ・ローマ数字と和音の関係として，ローマ数字をクイズっぽく紹介していく。 「和音は，3つの1個とばしの音でできているんだよね」 ・I, IV, V7の和音をつくる。 「目で読めるかな？」 ・聴いてI, IV, V7のコード当てクイズをする。	◇和音記号に使われているローマ数字の読み方を導入として，和音やそのしくみなどについて興味をもてるようゲーム感覚で取り組みましょう。 ◆和音のしくみを理解しているか。【知技】 ◆和音の違いが視覚的にわかっているか。 【知技】 ◆和音の響きの違いがわかっているか。【知技】
STEP2	○「静かにねむれ」に合う和音を見つける。 ・旋律に合う和音I, IV, V7の中から探していく。 ○できあがった和音シートをもとに，I, IV, V7の和音をトーンチャイムで鳴らし，和音が心地よいかクラスで確かめる。 ・和音シートを仕上げる。 「鍵盤ハーモニカで弾けるかな？」 ・和音I, IV, V7を弾く練習をする。 ・ペアになって教え合う。 ○鍵盤ハーモニカで弾けるようになった和音で「静かにねむれ」の伴奏を弾いてみる。	◇旋律を聴きながらIでは合わない箇所を見つけIV, V7で試してみるようにするとよいでしょう。教師がリードして行ってみてください。 ◆旋律を聴きながら合う和音を選ぶことができているか。【思・判・表】 ◇2人組でお互いに助け合いながら3つの和音が弾けるようになるように支援しましょう。難しい場合はベースの音だけでも大丈夫です。 ◆3つの和音を鍵盤ハーモニカで演奏できているか。【知技】
STEP3	○和音伴奏と一緒に歌う。 ・クラスの半分が歌い，半分が和音伴奏をする。交代する。分散和音で弾く。 ・発展：鍵盤ハーモニカで伴奏に工夫をする。 ・和音だけではなく，分散和音やいろいろなアレンジバージョンを考えて歌と合わせてみる。	◆歌を聴きながら，合わせて和音を演奏することができているか。【知技，態度】

。 授業の流れと発問・声かけの具体例

【STEP1】

★和音で遊ぶ

　教師はローマ数字とアラビア数字を書いていきながら，クイズ形式で質問します。

★Ⅰ，Ⅳ，V₇のコードを目で読む

★Ⅰ，Ⅳ，V₇当てクイズ（耳で）をする

T　こんな数字があるの知っている？　何て読む？

　Ⅰ，Ⅱ，Ⅲ を提示します。

C　いち，に，さん！

T　V　これは？…5（ご）です。ではⅣは？

C　…

T　V（5）からⅠ（1）ひいて（左側にⅠを書く）Ⅳ（4）って読むんだね。音楽の和音に
　　は，この数字が使われるんだよ（和音記号）。

　ゲーム感覚で子どもたちと対話しながら，ローマ数字を和音のしくみとともに習っていくと，
今後の活動で応用がききます。和音の導入だからこそ，こうした遊びが大切だと考えます。

T　1個とばしの3つの音が重なったのが和音です！　ではクイズ！

　丸を重ねて3つ書きます。

T　Ⅰの和音をつくってみましょう。一番下の音がドなら，
　　どんな和音ができる？

T　一番下がソだと？　どうかな？

T　もう一つ音が重なるときは，7番目の音が重なるから数
　　字に7がつくんだね。

T　このままでもいいけど，鍵盤で弾くとき，手の移動が大
　　変だから，こんなふうに和音を弾くこともあるよ。

・Ⅰ，Ⅳ，V₇の和音を目で読もう（○の重なり方を見る）。

・Ⅰ，Ⅳ，V₇の和音を聴いて，どれかわかるかな？

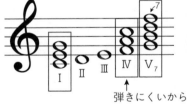

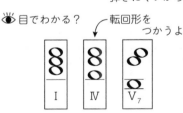

【STEP2】

★「静かにねむれ」に合う和音を見つける

T　どの和音が合いそうかな？

　歌を歌った後，旋律に合う和音をⅠ，Ⅳ，V₇の中から探していきます。あらかじめ，Ⅰのみ
が書かれた和音シートを配り，合わない箇所に×をつけます。他の和音ⅣかV₇に置き換えて
弾きながら，しっくりいく和音を見つけましょう（「静かにねむれ」和音シート参照）。

★I，IV，V₇の和音をトーンチャイムで確認する

まず，I，IV，V₇に使われている音を，前のホワイトボードに表示しておきます。

「静かにねむれ」和音シート

次に，それぞれが持つトーンチャイムがどの和音に属しているのか確認し，I，IV，V₇を弾いてみます。慣れてきたら，「静かにねむれ」和音シートを見ながら，全員がトーンチャイムで伴奏を演奏します。そして，和音シートに書かれた和音が合っていたか確かめてみましょう。

★鍵盤ハーモニカでI，IV，V₇の和音に挑戦！

T　今度は和音を鍵盤ハーモニカで弾いてみよう！　1つでも，2つでもできる和音を増やしていきます。ペアで助け合いながら練習するとよいでしょう。

なかなか和音を弾くのが難しい子は，ベースの音だけ，2つの音だけでも十分OKです。大切なことは，「静かにねむれ」の美しいメロディーに合う音を選び，メロディーと一緒に演奏することが，心地よいと感じることができる感覚を味わうことです。

鍵盤ハーモニカに慣れない子には無理のないように，また，ある程度キーボードが弾ける子には，3つの主要3和音を使って，音を合わせることの喜びを感じながら演奏できるように支援していきましょう。

【STEP3】

★歌に合わせて「静かにねむれ」の伴奏を弾く

クラスを伴奏グループと歌グループに分け，歌に合わせて伴奏を弾きます。歌を聴きながら，和音の響きを合わせていくように演奏できたら素敵ですね。

12バーブルースをつくろう！

教材名 Cジャムブルース（デューク・エリントン作曲）

本時のねらい

　ブルースは，もともとアフリカ系アメリカ人から生まれた悲しみや孤独感を表現した独唱歌ですが，20世紀以降のポピュラー音楽に大きく影響し，ジャズやロックのルーツとも言われています。その最も基本的な構造として12小節形式の「12バーブルース」があります。今回は，これを題材として取り上げました。

　5年で学習する和音I，IV，V_7の和音（コード）を使って，ジャズ風のリズムにのりながらつくれば，楽しく比較的簡単に取り組むことができます。子どもたちが「かっこいい」と感じる音楽づくりは，大人気です。

　新しいジャンルの音楽にも興味をもち，これまで学習してきたことの和音の知識や鍵盤ハーモニカの技能を生かしながら音楽づくりをすることで，音楽に対する理解がさらに深まるでしょう。

常時活動の位置づけ

　和音（コード）の特徴や音の響きを感じながら，I，IV，V_7のコードで遊びましょう。それぞれの響きや特徴を身体で感じながら遊び感覚で和音づけを体験しておくことで，本活動で鍵盤ハーモニカによるコード進行の演奏をよりスムーズに行うことができるでしょう。

　また，コードの響きの変化を耳で聴き取り，身体でも感じ取り，表現することで，即興演奏の音の響きの面白さを楽しむことができるようになるでしょう。

本時の指導案

過程	○学習内容　・学習活動　〔共通事項〕	◇教師の働きかけ　◆具体の評価規準
STEP1	○和音からコードに変換する〔和音〕（常時活動）。 ・12バーブルースの表をグループ（4〜6人）に配付する。書かれてある和音からコードネームに変換する（ワークシート）。 ○鍵盤ハーモニカでI，IV，V₇（C，F，G₇）の和音の弾き方を復習しましょう。	◇ハ長調のI，IV，V₇の和音がコードネームC，F，G₇であることをクラスで確認しましょう。 ◇鍵盤ハーモニカでI，IV，V₇の和音の確認をしましょう。 ◆C，F，G₇を鍵盤ハーモニカで演奏することができているか。【知技】 ◇ベースだけ，2つの音で，3つの音で，その子のレベルに合わせて弾きましょう。
STEP2	○「Cジャムブルース」を鑑賞する。 ・自分たちがつくった12小節のコード進行表を指で押さえながら鑑賞します。 ○鍵盤ハーモニカで弾く。 ・12小節のコード進行に沿ってコードを弾く。 ・慣れてきたらブルースのリズムにのって弾く。 ○ソロパート：即興で遊ぶ。 ・コード進行に合わせて即興する。それぞれのコードC，F，Gで即興する人を決める。 ・コード進行に合わせて，自分の担当コードのところ（音積み木やシロフォン）で自由に即興する。他の人は鍵盤ハーモニカでコードを弾く。 ○中間参考鑑賞を行う。 ・YouTubeなどで見つけたいろいろなブルースを鑑賞する。	◇子どもたちにとって新しいジャンルであるブルースの音楽との出合いを大切にしましょう。 ◇鍵盤ハーモニカでの和音演奏に慣れていない子は，1音でも2音でもオッケーです。 ◇はじめはコードが変わるところで大げさに合図を出してあげるとよいでしょう。 ◇ブルースのリズムにのることがブルースを演奏するうえで特に大切です。教室全体がリズムにのれるよう教師がモデルとなってみせてあげたり，リズムにのって聴いている子を褒めたりしながらブルース風の音楽空間をつくっていきましょう。 ◆コード進行を把握し，鍵盤ハーモニカでコードを弾くことができているか。【思・判・表】 ◆コード進行にしたがって，自分のコードの場所で即興ができているか。また，即興の工夫が見られるか。【思・判・表】 ◆ブルースのリズムを感じながら演奏することができているか。【態度】 ◇音楽表現の深化を図るための鑑賞です。鑑賞からまた新たな演奏や表現のヒントを得られるよう，自由に発言できる空間をつくりましょう。
STEP3	○ブルースセッションを楽しむ。 ・子どもたちのアイデアや意見を取り入れながら行う。	◇それぞれの子どもたちの即興から生まれてくるブルースを楽しみ，ソロを担当した子には拍手がわき，ブルースセッションの醍醐味をクラス全員で味わえるようにしましょう。

○ 授業の流れと発問・声かけの具体例

【STEP1】

★和音からコードに変換する

まず，12ブルースの表をグループ（4～6人）に配付します（例：I→C）。

書かれてある和音からコードネームに変換します（ワークシート）。

I C	I C	I C	I C
IV F	IV F	I C	I C
V$_7$ G$_7$	IV F	I C	I C

12ブルースの表（C major のコードネームで）

1つずつコードを確認しながらC，F，G$_7$のコードを鍵盤ハーモニカで弾きましょう。C，F，G$_7$はハ長調のI，IV，V$_7$であることをクラス全員で確認しておきます。ベースの音だけ，2つの音で，3つの音を両手で，3つの音を片手で，その子のレベルに合わせて弾けるようになることが大切です。

【STEP2】

★「Cジャムブルース」の鑑賞をする

自分たちがつくった12小節のコード進行表のコードを指で押さえながら（小さな声でコードネームを言いながら）鑑賞しましょう。コードの変化を感じることが大切です。

★鍵盤ハーモニカで12バーのコードを弾く

以下の活動は，バックにリズムトラックなどでジャズ，ブルース風のリズムを流しながら行うとムードが出てきて盛り上がります。リズムにのって行うことで，後の即興演奏がよりブルースっぽくなりますのでお勧めです。

（1）12小節のコード進行に沿ってコードネームを読みましょう！

（2）12小節のコード進行に沿ってベースの音（C，F，G）を弾きましょう！

（3）12小節のコード進行に沿って（弾ける人は）コードを弾きましょう！

(4) はじめは弾き方1で慣れてきたら弾き方2でも挑戦してみよう。

弾き方1　　　　　　　　　　弾き方2

★即興で遊ぶ

それぞれの即興パートC（CEG…ドミソ）を担当する人，F（FAC…ファラド），G（GBD…ソシレ）を担当する人を決めます。12バーのコード進行で，自分が担当するコードがきたら，あらかじめ用意した音積み木，シロフォンなどで自由に即興演奏をします。他の人は鍵盤ハーモニカで12バーコードを弾きます。

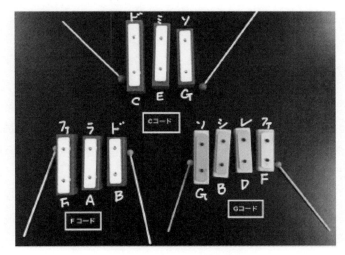

シロフォンなどで自由に即興

★中間参考鑑賞をする

YouTube などで見つけた，いろいろなブルースを鑑賞しましょう。

T　どんな発見がありましたか？

T　取り入れたいアイデアはありますか？

よりブルースらしく演奏するための工夫，即興演奏の工夫などについても意見を述べ合いましょう。また，子どもたちから他の楽器での演奏の可能性を探りたいという希望があれば，楽器を加えてもよいでしょう。

【STEP3】

★クラスでブルースセッションを楽しむ

全員が楽しみながら，ブルースを経験することが大切です。ソロを担当した子の即興演奏を拍手で讃え，ブルースセッションの醍醐味をクラス全員で味わえるようにしましょう。

詩と音楽の関わりを味わおう！

教材名 待ちぼうけ（北原白秋作詞／山田耕筰作曲）

◦ 本時のねらい

　5番まである曲ですが，特徴的な詩によって単純に5回繰り返されている感覚にならない音楽を感じましょう。その中で詩の工夫や旋律の工夫，それらの関わり合いや演奏者の工夫に気づけるようにします。

◦ 常時活動の位置づけ

　本時では詩から受ける印象がとても重要になってきます。詩と音楽の関わりを感じていくために，常時活動では替え歌をつくって楽しんでみましょう。歌詞には心を動かす大きな力があります。そして，子どもたちは替え歌が大好きです。自由に歌詞を変えて音楽表現することで，子どもたちから自然に笑顔が出てきたりもします。

　鑑賞に入る前に，音楽と歌詞が与える印象を常時活動で味わっておきましょう。今回触れる替え歌の方法以外にも，ぜひ身近な歌などで替え歌しやすい曲があれば実践してみてくださいね。常時活動で笑顔あふれる空間をつくるとともに，歌詞によって雰囲気が変わる面白さを味わいましょう。

◦ 本時の指導案

過程	○学習内容　・学習活動　〔共通事項〕	◇教師の働きかけ　◆具体の評価規準
STEP1	○「ハローハロー」で替え歌遊びをする〔旋律〕（常時活動）。 ♪ハローハローハローハロー （ド↑ ソ ミ ド） 　やあこんにちは　ごきげんいかが （レソソミミド　　レレソソミミド） 　ハローハローハローハロー （ドー ミー ソード↑ー）	◇まずはユニゾン（斉唱）で声の音色がそろうことを目標にしましょう。 ◇ハーモニーに慣れているクラスは，「ド」「ソ」「ミ」「ド」の音を重ねて歌いましょう。 ◇3つに分かれて歌いますが，同じ旋律の反復なので，教材の中で3声で歌うよりも負荷は少なくなるかと思います。 ◇歌詞によって音楽の雰囲気が変わっていく様

	・「ハロー」の部分をテーマに沿って替え歌にしてみる。「やあこんにちは」の部分は，テーマに沿って考えた言葉につながる歌詞でリズムが合うように考える。 例：テーマ「好きな食べ物」 ♪毎日　おいしい　おかしが　食べたい 　など	子を感じ取らせましょう。 ◆様々な歌詞で歌おうとしているか。【態度】
STEP2	○「待ちぼうけ」を聴く。 ・音楽からの情報だけで，イメージマップを使って歌詞を自由に聴き取っていく。 ・曲の特徴から題名も考える。 ・何度も聴きたくなる発問を心がける。 ・何度か聴いたら，何番まである曲なのかも聴いてみる。 ○情報を整理する。 ・Wチャートを使って，5番までの歌詞を整理していく。このときも音楽を頼りに考えていく。 ・まずは1番でどんなことを言っている曲なのか言えるように自分のチャートをもとに整理する。 ・その後，友達とペアになり説明し合う。 ・自分の書いたものを教科書と照らし合わせてみる。 ・その後，歌詞以外の部分にも焦点を当ててWチャートの中身を増やす（ペンの色も変えると新しい情報がわかりやすい）。	◇歌詞以外にも気づいたことは書いてもよいことを伝えましょう。 ◇歌詞に特徴がある曲なので，笑いながら聴くような子どもも出てくるかもしれません。その笑った理由などを聞いてイメージマップを増やしていきましょう。 ◇音源では，演奏者の工夫が見られるものを使うと，子どもたちは音楽からの情報をいろいろつかんでいくと思います。 ◆たくさんの情報を探そうとしているか。 【態度】 ◇鑑賞をきっかけに情報を整理していき，発見したことを，他者に説明できるようになることを目指していきましょう。 ◇歌詞からのアプローチでも，子どもたちは自然に音楽的な要素にも目が向き始めることがあります。そのような文言などがあった場合には，その発見の素晴らしさにも声かけしましょう。
STEP3	○観点に分けてフィッシュボーンで考えを書く。 ・「作曲家の工夫」 　「作詞家の工夫」 　「演奏家の工夫」 　「自由な感想」 　の4観点で書く。 ・その後，鑑賞により学んだことや，感じたことを生かして全員で歌ってみる。	◇最後は，観点に分けてまとめることで，子どもたちがどれだけ一つの音楽から情報を感じ取ることができたか見やすくなります。ぜひ鑑賞教材を通して，情報の収集や整理，伝える力なども養い，これからの未来を生きていく力の小さな一歩となることを目指しましょう。 ◆工夫の中に音楽的な普遍性が入って考えているか。【思・判・表】

∘ 授業の流れと発問・声かけの具体例

【STEP1】

★替え歌遊びをする

　一回「ハローハロー」を歌います。

T　今日はみんな作詞家になるよー。

C　作詞家ー??

T　そうそう。テーマは「好きなおやつ！」

T　はじめの４つに好きなおやつを入れて，間の部分はリズムに合うように言葉を考えてね。
　　じゃあ，好きな食べ物は ??

C　はーい!!　ケーキ。

C　グミ。

　この流れでいろいろ試してみてください。歌詞によって曲の雰囲気が変わるので，その違い
を子どもたちが実感できるように心がけましょう。本時で使う「待ちぼうけ」では歌詞に着目
して鑑賞をしていくことも念頭に置いておきましょう。

【STEP2】

★「待ちぼうけ」を聴き，シンキングツールで情報を集めて整理する

T　今から流す曲を聴いて，どんなことを言っているかイメージマップに書いていこう。

T　それ以外に気づいたことも書いて大丈夫だよ。

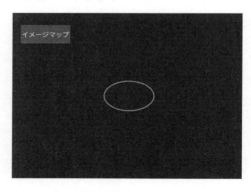

イメージマップに気づいたことを書く（画面はロイロノート・スクールより，以下同）

T　ちなみに，題名の予測がついた人は真ん中の丸に書いてみてね。

　子どもたちは，この曲を聴くと笑うことが多いです。「笑いたくなる理由も書いておいて
ね」とすると，いろいろな歌詞や旋律の特徴につながっていきます。

　また，何度も口ずさみだした歌詞があると，「どうしてその歌詞を口ずさみだしたの？」と
聞くと歌詞の工夫にも目が向き始めます。

T （何度も聴いた後に）ところでこの曲って何番まである？

C えっ?? 3番？ 4番？

　途中で違う視点を入れることで，再度子どもたちは聴きたくなります。その後は，「何番を聴きたい？」などと発問すると，子どもたちは聞き逃したところにしっかり焦点を当てて聴いてくれます。

T では，Wチャートを使って1から5番まで整理しよう。

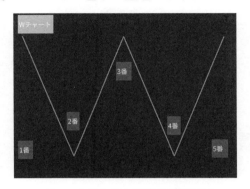

Wチャートで1から5番まで整理する

　このときも，音源を参考に整理していきましょう。

　Wチャートには，歌詞以外でそれぞれ気づいた音楽的観点を，ペンの色を変えて書き足すとよいでしょう。

T みんな自分が見つけた情報で，1番と2番だけどんな内容だったか隣の人に話してみよう。

T どちらかが1番，どちらかが2番。考えてみてねー。

【STEP3】

★観点別にして学んだことや自分の考えを書く

T みんな，4つの観点でフィッシュボーンを完成させよう。

T 書いた後に，最後はみんなで歌ってみようねー。

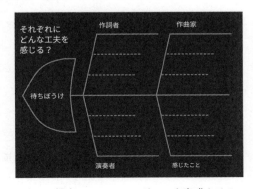

4つの観点でフィッシュボーンを完成させる

詩と音楽の関わりを味わって表現しよう！

教材名 ふるさと（高野辰之作詞／岡野貞一作曲）

○ 本時のねらい

　この教材では，日本に古くから伝わる曲を知るとともに詩と音楽の関わりを考えて表現を深めていきます。

○ 常時活動の位置づけ

　本時で表現を深めていくために，常時活動では声の出し方やハーモニーに慣れておくことを大切にしたいです。この教材は最終的に3声に分かれて合唱していきます。3声に分かれて歌うのは，技能的に難しい表現です。また，その中で2度に分かれてハモる部分もあります。普段からハーモニーなどに慣れていないと，教材を深めていくときに技能の習得に時間がかかってしまい，音楽を深めていく時間がとれなくなってしまう可能性も出てきてしまいます。

　だからこそ，常時活動で楽しみながら技能を習得できるように工夫しましょう。常時活動でハーモニーを楽しめるようになっていると，詩と音楽の関わりを考えることで子どもたちの表現もどんどん深まっていきます。

○ 本時の指導案

過程	○学習内容　・学習活動　〔共通事項〕	◇教師の働きかけ　◆具体の評価規準
STEP1	○「かたつむり」でハモる〔和音の響き〕（常時活動）。 ・1年生で習った「かたつむり」の旋律をLoLoLo（ろろろ）の発音で歌う。 ・クラスを3つのグループに分ける。「かたつむり」の旋律も3つのフレーズ（4小節ずつ）に分けて，グループごとに歌うフレーズを決めて旋律を重ねる。 ・それぞれのグループが1フレーズを反復して	◇まずはユニゾン（斉唱）で声の音色がそろうことを目標にしましょう。 ◆音色をそろえて歌えているか。【知技】 ◇ハーモニーに慣れているクラスは，ドとソの音を重ねて4拍伸ばし続けて伴奏の役割をつけてみましょう。 ◇3つに分かれて歌いますが，同じ旋律の反復なので，教材の中で3声で歌うよりも，負荷

	歌い続けて終わりの合図は教師が出す。それぞれのフレーズの終わりがド，レ，ミの３つになるので，隣の音の重なりを味わうために声の出し方も大切にする。	は少なくなるかと思います。 ◇レの音は，ナインス（9）という音の役割なので優しい音色を目指してみましょう。
STEP2	○「ふるさと」の旋律を歌えるようにする。 ・ピアノで旋律を弾き，教科書のどの曲を弾いているか探す。ピアノが苦手な場合はCDの伴奏のみを流す。 ・段当てクイズをする。 ・曲が探せたら，次はどの段を弾いているかクイズする。その中で，メゾパートやアルトパートにも焦点を当てる。クイズが正解したら実際に歌ってみる。 ・旋律を歌ってみる。その後，メゾ，アルトパートにも挑戦する。 ○ソプラノとアルトの２声部でハモる。 ・教師がメゾパートをこっそり歌う。その後，子どもたちに教師がやっていたことに気づいていたかを聞く。 ・少人数でつられずに歌える子がいたら，お手本をやってもらう。 ・ラスト２小節だけ少人数でやってみる。	◇どうして教科書の中の曲がわかったかを子どもたちに聞いてみましょう。旋律の特徴などに理解が進んでいく子どもも出てくると思います。また，何度も聴くことで子どもたちは自然に教材に慣れていけます。 ◇旋律に慣れていくために，耳からの情報を飽きずに何度も聴ける工夫をしましょう。 ◆曲を探せた理由に音楽的な情報が入っているか。【知技，思・判・表】 ◇姿勢，口の開け方，表情などがよい子どもがいたら一人ひとり声かけしましょう。 ◇ここでは，ハーモニーに慣れていくことが大切です。常時活動を通して身につけた力を教材に生かしていきましょう。 ◆各旋律の音がとれているか。【知技】 ◆他声部につられずに歌うことができているか。 【知技】 ◆少人数でも歌おうとしているか。【態度】
STEP3	○強弱記号と音の重なりに焦点を当てて音楽に迫る。以下のポイントから子どもたちに発問をして音楽表現を深めていく。 ポイント： ・始まりはmfで１段目，２段目は縦がそろう２声で長いクレッシェンドとデクレッシェンド。 ・３段目は，pになり旋律がずれる２声。 ・４段目は３声になり，mfから長いデクレッシェンド。	◇詩と音楽の関わりに迫るときは，音楽的な特徴を絞って発問しましょう。ここでは，楽譜上視覚的にもわかりやすい強弱記号，音の重なりに絞りました。子どもたちが思考したからこそ，表現が変わってきた体験も大切です。 ◇考え→表現→考え→表現を繰り返し試してみて自分たちの「ふるさと」の表現を目指しましょう。 ◆自分の考えと表現を結びつけて歌っているか。 【思・判・表】

° 授業の流れと発問・声かけの具体例

【STEP1】

★「かたつむり」(文部省唱歌)でハモる

T 「かたつむり」を Lo(ロ)の発音で歌おう。

T 次は，3つのグループに分けてそれぞれが歌う旋律を決めよう。その決められた旋律は，
先生の合図があるまで繰り返し歌い続けてね！

C ♪ソソソミ　ドドドレ　ミミレド<u>レ</u>

C ♪ミファソラ　ソソソミ　レレドレ<u>ミ</u>

C ♪ソドドソ　ミソソミ　ドミミレ<u>ド</u>

全て Lo の発音で繰り返します。□の音のタイミングで止めます。

余裕があれば，さらにド・ソをオスティナートとして歌います。

【STEP2】

★「ふるさと」を歌えるようにする

T 先生が弾いている曲を探してみよう！

「ふるさと」(浦田健次郎編曲『小学生の音楽6』，令和2年度版，p.44)を弾きます。

C わかった!!

T 次は，先生がその曲の何段目を弾いているか当ててみてね。

正解したら，その都度歌ってみましょう。このように，遊び感覚で確認できる時間を大切に
しましょう。

★ソプラノとアルトの2部でハモリを入れる

T これは難しいかもだよー!!

アルトを入れます。

これによって，アルトパートもゲームの中で伝えていきましょう。

T それでは，まずソプラノパートを歌ってみよう。

その後，アルトパートにつなげていきます。

T アルトパートが5人できたらハモってみよう。

はじめに歌い始めることができる子どもは音感が高い子が多いので，5人くらいでハーモニ
ーを感じることができると思います。

T おーーー！　ハーモニー聴こえたよー。

T ところで，先生が楽譜の中で教えていないことがあるんだけど，わかるかなー??

ここで子どもたちは，3声の編曲の場合メゾの存在に気づきます。最後の段は3声に分かれ
ることを理解して歌唱に取り組みましょう。

また，ブレスのことにも触れる子どももいます。子どもが気づいたところで，メゾパートにも入っていきます。

【STEP3】

★音楽表現を深める

・強弱編

T　1段目，2段目，4段目はすごく長いクレッシェンド，デクレッシェンドだね。

T　長くやるのって結構難しいのに，この長い強弱記号を使ってあることに考えがある人いるかなー??

・ソプラノ＆アルトの関係編

T　3段目は，ソプラノとアルトがずれて出てくるね，しかもp（弱く）。

T　どんな意味が込められているんだろうね。

・声部編

T　4段目は声が3つに分かれるね。

T　これって難しいけど何か意味を感じるね。最後は，みんなのここの部分の考えを聞きたいなー。

　これらは一つひとつが表現につながっていくので，ある程度歌えるようになって発問するのがお勧めです。

いろいろな楽器の重なりを感じよう！

教材名 木星（グスターヴ・ホルスト作曲）

本時のねらい

　この教材は，鑑賞でも取り扱われる曲です。世界中で愛されているこの曲は，子どもたちにとっても魅力を感じる曲の一つです。そのような魅力的な曲を，実際に演奏して触れることで音楽の様々な楽しみ方を味わってほしいです。

常時活動の位置づけ

　本時につなげていく中で，常時活動では一つの輪唱教材を使って楽器に慣れていきます。輪唱教材は，短い曲もたくさんあり，演奏するうえで負荷がかかりにくく楽器演奏に取り組めます。さらに，ずらして演奏することで手軽にアンサンブルを味わうこともできます。歌だけにとどまらず楽器でも輪唱教材を活用してみましょう。

　ここでは，「木星」が３拍子でヘ長調でできている曲なので，その２つの要素が同じ曲を使用します。鍵盤ハーモニカやリコーダーで演奏することで♭（フラット）の演奏技術なども常時活動で慣れておきましょう。また，音程の読み方やリズム譜も読めるようにしておきましょう。輪奏にすることで，音を重ねることの楽しさも子どもたちが味わえるように心がけます。

本時の指導案

過程	○学習内容　・学習活動　〔共通事項〕	◇教師の働きかけ　◆具体の評価規準
STEP1	○輪唱教材「さよなら」で楽器に慣れる〔音階，調〕（常時活動）。 　♪ファソミファ　ラ♭シソラ 　　ドドドラファ　ドレミファ ・アイコンで音の高さに慣れる ・リズム譜でリズムの読み方に慣れる。 ・拍子を探す。 ・階名で歌ってみる。	◇アイコンの提示のときはクイズ形式にして子どもたちが遊んでいる感覚で音程に迫れる工夫をしましょう。 ◇拍子探しはシンプルな活動ですが，意外と一回聴くだけではわからない子がいます。だからこそ何度か聴いて拍子をつかんでいきましょう。 ◇この時点でわからない音などをできるだけ少

	・鍵盤ハーモニカ，リコーダーで演奏する。シ♭に注意する。 ・全員が一斉に演奏して教師がずらして演奏する。 ・その後，友達とペアで輪奏してみる。	なくしておきましょう。シ♭は意外と習得できていない子どもがいます。 ◇輪奏で合わせる楽しさを味わっておきましょう。 ◆拍子と調（シ♭）を捉えて演奏しているか。【知技】
STEP2	○「木星」の合奏音源を聴く。 ・イメージマップを使ってどんな楽器の音が聴こえてくるかを書く。また，聴いて感じたことも書いてよい。 ・主旋律をよく聴いて拍子を考え，手拍子でリズムをたたけるようにする。 ・主旋律が鍵盤ハーモニカじゃなくなったら立つ。 ・主旋律（主に鍵盤ハーモニカパート）を階名唱する。アイコンを活用して音名を自分で考える。 ・階名唱に慣れた子どもから楽器（鍵盤ハーモニカ）で演奏する。その後，別のパートであるリコーダーにつなげていく。リコーダーではリズム楽譜を活用して演奏する。 ・リズム譜では，声に出してリズムを読んでみる。 <table><tr><td>♩→ター</td></tr><tr><td>𝄾→スン</td></tr><tr><td>♪→ティ</td></tr><tr><td>♬→カ</td></tr><tr><td>♪→ティム</td></tr><tr><td>♩→ターアー</td></tr></table>	◇技能の習得として，耳で聴くという情報からのアプローチも大切です。イメージマップなどの使用で何度も聴ける工夫をしましょう。 ◆よく聴いて旋律を捉えようとしているか。【態度】 ◇常時活動での拍子探しを生かしましょう。 ◇器楽活動で，階名唱は必須的な要素です。階名唱を丁寧にして全員が器楽を楽しめることを目標にしましょう。 ◆階名をしっかり理解できているか。【知技】 ◆楽器の変化を感じて動こうとしているか。【態度】 ◇楽譜を読んでいくうえで階名以上に大変なのがリズムです。なぜなら，リズムは楽譜に書きにくいからです。だからこそリズム読みにも慣れるように日常的な積み重ねを大切にしましょう。 ◇リズム譜でも一人ひとりの理解度をしっかり教師が見るために，口頭で言ったリズム読みを子どもが書いてみるのもよいかと思います。 ◆リズムの読み方が理解できているか。【知技】 ◆リズムがたたけているか。【知技】
STEP3	○鍵盤ハーモニカとリコーダーでアンサンブルをする。 ・部分的にそれぞれ主旋律を担っているこの2つの楽器で合奏を楽しむ。 ・どちらも演奏できるように心がける。	◇まずは2つの楽器でアンサンブルを楽しみ，慣れてきたら他の楽器も加えてみます。 ◆自分のパートが演奏できているか。【知技】 ◆相手のパートとテンポを合わせて合奏できているか。【知技】

○ 授業の流れと発問・声かけの具体例

【STEP1】

★輪唱教材「さよなら」（ドイツ民謡）で楽器に触れる

T　先生が弾いている曲の順番を当ててね。

C　B→D→A→C‼

　授業の始まりは，クイズ形式のようにすると盛り上がります。

T　じゃあ，「Lu」で歌ってみよう。

　まずは，作品に触れることを大切にしましょう。歌えてきたら声でカノンにしてもよいでしょう。

T　この曲は何拍子？　わかった人は先生のピアノ（歌）に合わせて指揮をしてみてね。

　指揮をすることで，視覚的に拍子が理解できているかを確認しましょう。

C　3拍子ー。

T　正解！

T　じゃあアイコンに階名も入れてみよう。

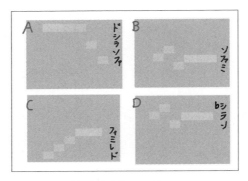

「さよなら」のアイコン

「さよなら」のリズム譜

6年生は，どんどん自分たちで階名を入れられるようになっていると思います。

T　階名を書いた人から鍵盤ハーモニカで演奏してみよう。

ここでシの♭をしっかり確認しましょう。

【STEP2】

★「木星」の合奏音源を聴く

T　どんな楽器が聴こえる？　どんな感じがする？　それらを書いてみよう。

この時点で，子どもたちには様々な観点で気づきが生まれます。その気づきから音楽の理解へとつなげていきましょう。

T　今度は，主旋律が鍵盤ハーモニカじゃなくなったら立ってみよう。

T　じゃあ，主旋律はもう手拍子でたたけるかなー。たたきながら歌っても大丈夫だからね。

その後，アイコンを活用して階名唱につなげていきましょう。

T　階名がわかったら階名唱で歌ってみよう！　ついでにリズム読みもしてみようね。

リズム読みでは，クラスで読むリズムの役割を決めてリズムリレーなどで楽しみながら進めていきましょう。

【STEP3】

★鍵盤ハーモニカとリコーダーでアンサンブルする

T　まずはそれぞれの楽器に分かれて主旋律だけ演奏してみよう。

T　途中リレーになるから気をつけてね。

この後は，主旋律ではないときの旋律で，鍵盤ハーモニカとリコーダーでリレーなどを行って，音楽のつくりが器楽演奏を通して理解できるように工夫しましょう。

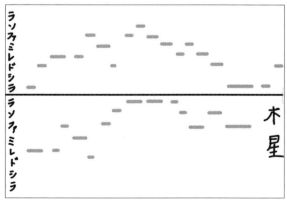

鍵盤ハーモニカパートのアイコン

リコーダーパートのリズム譜

宇宙の音楽づくり！

教材名　木星（グスターヴ・ホルスト作曲）

○　本時のねらい

　宇宙の音楽づくりとなると可能性は膨大にありますね。その中でも，私たち人間が生きている地球に最も身近な太陽系の惑星をテーマにホルストが，管弦楽組曲「惑星」を作曲しています。ここでは特に，6年の鑑賞「木星」で学んだことと関連づけて，Apple の音楽制作ソフトウェア「GarageBand（ガレージバンド）」を使って，グループで仲間と協働しながら音楽づくりをします。「木星」では様々な特徴ある旋律が次々と現れるAの部分と，神秘的な旋律と管弦楽器の和音で胸をうつB部分でできています。

　今回は，自分たちがイメージした宇宙の音楽を，旋律づくりをベースにABA形式でつくります。子どもたちの中からどんな宇宙の音楽が生まれてくるのか楽しみな活動です

○　常時活動の位置づけ

　少しずつですが，タブレットやPCを使った授業づくりを検討し始めた先生もいらっしゃるのではないでしょうか？

　もちろん，学校の教室楽器を使っての音楽づくりも大切ですが，ガレージバンドのよさの一つに，自分が演奏したことのない楽器や電子音を，ソフトを使って簡単に出せたり重ねたりすることができるため，つくる作品がよりリアルなオーケストラやバンドサウンドに近くなったりするということがあるでしょう。

　スマホや，タブレットが身近な存在になってきた現代の子どもたちにとって，タッチパネルの操作は大人が考えている以上に慣れていたり，できあがった作品がより音響的に満足度のあるものになったりすることがよくあります。あるいは，歌ったり楽器を演奏することに苦手意識をもってあまり活動に積極的に参加できなかった子が，ソフトを巧みに操って意欲的に音楽づくりに取り組んだりと，今までになかったたくさんの発見と可能性に満ちていると思うのです。

　今回の常時活動は，ガレージバンドのキーボード操作に慣れ，旋律づくりを遊び感覚で行っておくことで，本活動へとスムーズにつなげていくことが目的です。

本時の指導案

過程	○学習内容　・学習活動　〔共通事項〕	◇教師の働きかけ　◆具体の評価規準
STEP1	○ガレージバンドを使って旋律をつくる〔音色，旋律〕（常時活動）。キーボードの音色を自分たちで選び簡単なメロディーをつくってみる。	◇ガレージバンドの操作を復習しながら自由に旋律づくりが楽しめる雰囲気をつくりましょう。 ◆ソフトの操作に慣れているか。【知技】
STEP2	○「木星」を再度鑑賞する。子どもたちの希望があれば，惑星から「土星」や「火星」など他の曲も鑑賞してみる。 ・宇宙のイメージが浮かんでくるのはなぜかという視点から鑑賞する。 ・宇宙で連想する子どもたちの言葉をチャートに書き，発表し合う。これが音楽づくりのヒントになる。 ○ガレージバンドで宇宙の音楽をつくる ・グループごとにどんなイメージを音や構造で表現していくかを話し合う。 ・グループで音楽づくりをする。グループにタブレットとスプリッターを配付する。 ・音色の違う旋律をいくつかつくる。トラックに保存する。 ・旋律を重ねたりつないだりしながらAのパートをつくる。 ・それと対照的なBのパートをつくる。 ・Aパートをコピー＆ペーストして少し変化を加え再現部をつくり，ABA型三部形式の曲をつくる。時間の制限がある場合はAパートだけでも十分価値のある音楽づくりになる。 ・できた作品をデータとして保存して教師に送る。	◇鑑賞により宇宙の音のイメージを広げましょう。 ◆作曲家の表現の工夫を音楽的要素と関連づけながら聴き取ることができているか。【態度】 ◇音楽の構造を工夫して宇宙の音楽づくりができるよう支援しましょう。 ◇ガレージバンドでの旋律づくり，ループや重ねる操作をスムーズに行えるよう支援します。 ◆グループでイメージした音楽をガレージバンドで協力してつくることができているか。 【思・判・表】 ◆旋律をつないだり重ねたりしながら，音色や楽器構成を工夫しながら音楽づくりができているか。【思・判・表，態度】
STEP3	○宇宙の音楽の鑑賞会を行う。 ・それぞれのグループでつくった音楽をみんなで鑑賞する。個々に①音楽づくりの感想，②他のグループの作品の感想を書いて提出する。	◇他グループの音楽を聴いて感想を述べ合う。 ◇自分たちがつくるプロセスで工夫したこと，苦労したこと，よかったことなどを振り返って書くことで（振り返りと分析）メタ認知能力が育まれ，次の音楽づくりにつないでいくことができます。 ◆それぞれのグループの音楽の特徴やよさを聴き取ることができているか。【態度】

○ 授業の流れと発問・声かけの具体例

【STEP1】

★ガレージバンドでメロディーをつくる

T　みんなのタブレットにギターのマーク，ガレージバンドのアプリあるかなあ。見つけた人？

C　見つけた！　白いギターのマーク。

T　そうそう。他に見つけた人いる？　そこをタップするよ！

　見つけられない人には，周りの子が教えてあげたり，教えてもらったり，クラスで助け合いながら進めていける雰囲気をつくることを常に心がけましょう。全員が一緒に，協力して活動に取り組むことが大切です。

　ガレージバンドのキーボードのアプリを使って，旋律をつくります。教師の説明を聞きながら，まずはプリセットされたリズムを選びます。次に子どもたちに問いかけてみましょう。

T　今日は，キーボードアプリを使って旋律をつくります。どれかわかるかな？

C　キーボードの絵がかいてある（「Alchemy Synth」というマークを選ぶ）。

T　そうだね，ピアノの鍵盤みたいなの。じゃあそこをタップ。

T　キーボードが出てきた人は弾いてみて。どんな楽器の音がした？

C　ピアノ…みたいな音。

T　実は，今日後で，みんなで宇宙の音楽をつくろうと思うんだけど，宇宙をイメージしてみて，ピアノ以外の音で旋律をつくりたい人いる？　どんな音をイメージする？

C　もっとプワーっていう感じの音。

C　ホルンみたいな音。

　子どもたちはいろいろな音を想定して発言するでしょう。

T　じゃあ，そんな音があるか探してみよう。真ん中上の「Epic Cloud Formation」をタップしてください。どう？　いっぱい出てきた？　いろいろ試してみていいよ。

　いろいろな音を試して，自分のイメージに合う音を選ぶよう支援します。

　音が決まったら，即興的に8小節程度のメロディーをキーボード上で自由に弾いてみましょう。つくる中でガレージバンドに慣れることが大切です。

T　赤丸を押すと録音できるよ。録音してみよう（リズムを聴きながら旋律を弾く）！

T　できたら，自分で聴いてみてください。お隣の人にも聴かせてあげてね。もしも，やり直したかったら赤丸を押して再録音できるよ。

T　いい音楽がいーっぱいできてきたね。（全員がつくったことを確認して）左上の積み木が重なったようなマークをタップしてみてください。どう？　画面が変わったかな？

C　楽器と緑の帯みたいなのが出てきたー！

T　そう！　それが，あなたがつくった音楽だよ。すごいねー！　拍手ー!!
T　これであなたのつくった音楽が保存できたことになります。

　つくる↔聴くを繰り返し，できたら，つくった音源を保存する→保存したものを先生に送る
という操作を行います。タブレットの操作は，子ども同士でお互いに教え合ったり，先生が確
認したりするとよいでしょう。
　以上のような活動を繰り返しながら，いろいろな音色でメロディーをつくってみましょう。
音色以外にも音の高さや様々な機能を使って自分のイメージするメロディーをつくる子も出て
くるでしょう。それを見取り，一人ひとりの音楽を価値づけてあげましょう。タブレットに真
剣に向かいながら誰もが主体的に行える楽しい活動です。
　ガレージバンドでの旋律づくりの手順，保存，送信の方法がわかったら，本活動のグループ
による宇宙の音楽づくりに進みます。

【STEP2】
★（6年「鑑賞」参照）「木星」やその他宇宙に関する音楽を鑑賞する
　イメージの呼び起こしを行います。
　グループに分かれ，
・自分たちの音楽のイメージ
・どんな音楽で表現したいか
・使う楽器や音色など
について話し合います。構造（いくつのメロディーを重ねるか，どのように重ねるか）につい
ても決めていきます。
★ガレージバンドで宇宙の音楽をつくる
　ガレージバンドにスプリッターをつなぎ，グループのメンバーで聴き合いながら旋律をつく
り，音楽づくりをしましょう。音色や音の強弱，速度などの変化にも意識がいくようにすると
より面白い音楽ができます。

【STEP3】
★どんなところがよかったか，どんな工夫があったかなどについて話し合う
　ガレージバンドのインストラクションを写真で説明します。

宇宙のイメージはどこから？
いろいろな音色を感じ取って聴こう！

教材名 木星（グスターヴ・ホルスト作曲）

○ 本時のねらい

　作曲家ホルストは，様々な楽器の組合せからどのような宇宙のイメージをつくりあげたのでしょう？

　この管弦楽の美しい響きをもつ音楽の構造を知るとともに，いろいろな楽器の音色やメロディーの重なりか生まれてくる響きを感じ取りましょう。

○ 常時活動の位置づけ

　これまで，アイコンや身体表現を使って鑑賞活動を行ってきました。提示された図形によるアイコンマップを手立てに鑑賞活動を行うことが多かったのですが，今回は逆に，テーマの出だしが書かれた楽譜から，自分たちで図形譜による視覚イメージを起こし，作成することから始めます。楽譜から音楽マップをつくることにより，音楽を視覚的にイメージしやすくなります。

　本活動の鑑賞活動では，それぞれの旋律が演奏されている楽器の音色の違いだけでなく，奏法やアーティキュレーション，ダイナミックスや音の重なり方，響き等，繰り返し聴く中で曲の細部にまで焦点を当てて聴き取ることができるようになります。

　同時に，曲の構造の理解とともに，宇宙のイメージと音楽がどのように関わっているかを考えることで，本活動がより学びの深い場になっていくでしょう。

○ 本時の指導案

過程	○学習内容　・学習活動　〔共通事項〕	◇教師の働きかけ　◆具体の評価規準
STEP1	○書かれた5枚の楽譜からアイコンマップをつくる〔旋律，音色，構造，音の重なり〕（常時活動）。 ・グループで楽譜から音楽マップをつくる。 ○「木星」を鑑賞する。 ・グループで「木星」を鑑賞する。 ・グループ（4，5人くらい）で1人1枚ずつつくったアイコンマップを持つ。 ・曲を聴きながらそれぞれ自分の持っているパートになったと思ったらアイコンマップを持って立つ。	◇音の長さと高さに気をつけながらアイコンや線に置き換えていけるよう支援しましょう。 ◇それぞれの旋律を聴きながらグループで協力しながらパートの人がアイコンマップを持って立てるよう支援しましょう。 ◆それぞれの旋律の違いを聴き取ることができているか。【知技】
STEP2	○宇宙のイメージはどこから？　楽器や音色から醸し出されるイメージをつかむ。 ・使われている楽器や音色など聴こえてきたことを音楽マップにかき込む。言葉，アイコン，絵，など何でもかき込んでよい。 ・それぞれの旋律が聴こえたら，その音楽マップを選び，それぞれが自由にかき込む。 ○音楽マップをクラスで共有し，それぞれのセクションで気づいたことを話し合う。	◇それぞれのパートで聴こえた楽器や音のイメージをつかみ，自由にかき込める雰囲気をつくりましょう。 ◇音楽を形づくっている様々な要素が音楽の中でいかに関わり合いながら宇宙のイメージを音で表現しているのかを，クリエーターの立場に立って一緒に考えようとする空気をつくりましょう。 ◆様々な楽器やその音色の違いに興味をもち，聴き取ったことをかき出すことができているか。【思・判・表】
STEP3	○作曲家の意図に迫る。 ・作曲家ホルストがどのような工夫をしていたかを，クラスでまとめる。	◇みんながかき出した絵を発表し合い，楽器の音色の話や音楽の面白さについて子ども同士の対話を活性化する問いかけを心がけましょう。 ◆いろいろな楽器やその音色とその重なりに興味をもっているか。【態度】 ◆音楽の構造を理解し，作曲者の表現の工夫について考えることができているか。 【知技，態度】

○ 授業の流れと発問・声かけの具体例

【STEP1】

★楽譜からアイコンマップをつくる

グループで協力して①～⑤の楽譜（セクションの初めの部分）を，図形マップ（アイコンを使った楽譜）にかき換えていきましょう。

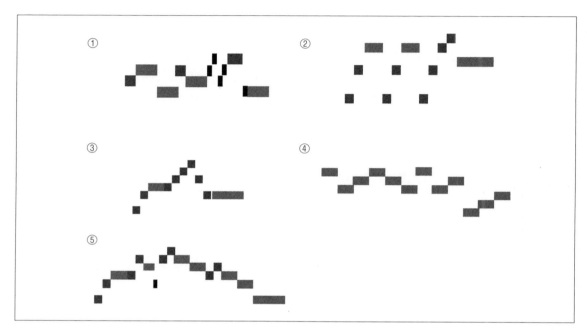

アイコンを使った楽譜 〔旋律の出だし〕

★「木星」グループ（4，5人くらい）による鑑賞活動をする

つくったアイコンマップを1人1枚ずつ持ちます。

曲を聴きながらそれぞれ自分の持っているパートになったと思ったら，アイコンマップを持って立ちます。旋律は入れ替わり現れますので，よく聴いて，自分のメロディーだと思ったら立ちます。グループで協力して行うことが大切です。立つ場所をお互いに教え合ったり，周りを見て気づいたりすることで，一人ぼっちで聴き取れないプレッシャーを感じることなく楽しく鑑賞活動に取り組めるでしょう。

また，旋律が現れるたびに立つ人がいることで，視覚的に曲の構造を把握することができるよさもあります。常時活動での鑑賞で旋律に親しむことによって，本活動での鑑賞がより充実したものになるでしょう。

【STEP2】

★宇宙のイメージはどこから生まれるかを考える

　楽器や音色から醸し出されるイメージをつかみます。

　グループで音楽マップに聴こえた楽器の絵や名前，音の特徴をかき込んでいきます。そこで，大切なのは今，どの旋律が流れているか（どの音楽マップにかき込むか）を認識していなければなりません。それぞれの旋律の特徴とその音色とイメージを描きながらより特徴のある（自分たちにとって価値ある）音楽マップに仕上げていくことが大切です。

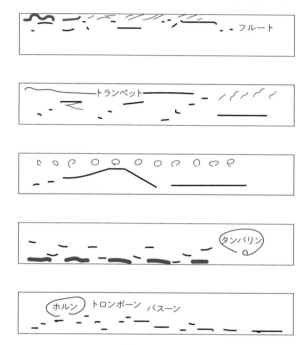

鑑賞マップの例

　何度も鑑賞しながら，色鉛筆やマジックを使って，曲を形づくっている様々な要素や特徴を自分たちなりにかいていきましょう。それぞれのグループがかいた音楽マップを発表し合います。「木星」という楽曲をより深く知り，また，音の響きや表現の工夫に興味をもてるよう声かけをしましょう。

【STEP3】

★作曲家の意図に迫る

　作曲家がどのような工夫をしていたかを，つくる側の視点で考えディスカッションします。出てきた意見をホワイトボードのリストに書いていきます。このリストをベースに，「宇宙の音楽づくり！」（p.118）へと発展させていくことができるでしょう。

おわりに

　この本を執筆するにあたり，私たち自身，改めて「常時活動」について考えることができました。言葉にすると一つの単語でしかありませんが，その価値を考えれば考えるほど深いものが見えてきました。今，常時活動を実践されている方，もしくはこれから新たに常時活動を取り入れる方，様々な方が読んでくださっていると思います。共通して大切なことは，その活動がどのように子どもたちに生かされているかということに，アンテナを張り続けることではないでしょうか。それが，常時活動をさらに進化させていく秘訣であるように感じます。

　① 活動で子どもたちが笑顔になる。
　② 音楽的基礎（音楽力）が構築される。
　③ 本活動に生かされる。

　このような経験を経て，子どもたちは新たな学びを自らつかもうとし始めます。その学びに向かう力こそが未来を切り開き，子どもたちが生涯音楽を愛好し，豊かな人生を歩んでいける力の源になると信じています。そこで大切になってくるのが「好奇心」です。子どもの「無限」の可能性を未来に向かって広げるには，世界を彩る様々なものに興味をもつ「好奇心」の芽を摘むことなく「やってみよう！」という個々のエージェンシーを育むことが重要だと考えています。子どもの行動の小さな変化に気づき，子どもの心に寄り添いながら，「好奇心」や「探究心」を大切にした授業づくりをしていると，子どもはいつの間にかそれぞれの力で羽ばたいていく日がくるでしょう。その子たちが卒業するとき，「この子たちなら大丈夫！」と思って送り出すことができたら教師として本当に幸せですね。

　私たちの頭の中にはいつも子どもの姿がありました。子どもの反応を想像したり，実際に授業でやってみて思わぬアイデアが子どもたちの中から出てきたり，それは我々にとってとても貴重な時間でした。子どもたちとの関わりがなければ生まれてこなかったアイデアがたくさんあります。そんな子どもたちがいてくれることに心から感謝の気持ちでいっぱいです。そして，私たち教育者は子どもたちに生かされているということを実感せずにはいられません。

　最後に，この本を読んでくださった教育者仲間の皆様，いろいろ書かせていただきましたが，私たちも真の教育を求めて日々悩んでいます。きっとこれは教師としての永遠の課題でもあるように思います。

　子どもたちと一緒に過ごせることに感謝し，悩みをもてることを楽しみながらともに頑張りましょうね！！　読んでくださって本当にありがとうございました。

近藤真子　岩井智宏

参考文献

・井庭崇他『クリエイティブ・ラーニング　創造社会の学びと教育』，慶應義塾大学出版会，2019

・岩井智宏『授業をもっとアクティブに！　小学校音楽「常時活動」のアイデア100』，明治図書，2020

・島崎篤子，加藤富美子『授業のための日本の音楽・世界の音楽』，音楽之友社，1999

・近藤真子『グループ音楽づくりの過程における音楽理解の共有』，「音楽教育学の未来：日本音楽教育学会設立40周年記念論文集」，音楽之友社，pp.210-224，2009

・近藤真子『教員養成課程における実践的指導力の育成に向けて―音楽づくりの実践：「クロック・オーケストラ」』，『教育学部紀要』文教大学教育学部第52集，pp.203-212，2018

・近藤真子「教員養成における音楽づくりによる実践指導力の育成」，『全日本音楽教育研究会会誌』，20，pp.3-9，2019

・島崎篤子『音楽づくりで楽しもう！』，日本書籍，1993

・戸田久実『アンガーマネジメント』，日本経済新聞出版，2020

・R. リチャート，M. チャーチ，K. モリソン著／黒上晴夫，小島亜華里訳『子どもの思考が見える21のルーチン：アクティブな学びをつくる』，北大路書房，2015

・Boardman, E. (1988). The generative theory of musical learning: Part II. General Music Today, 2(2), 3-6 & 28-31.

・Kondo, S. (2015). Musical communication in scaffolding of young children's musical learning, Oakland University.

・Kondo, S., & Wiggins, J. (2019). Learner agency in musical creative process and learning. In Creativity in Music Education (pp. 17-33). Springer, Singapore.

・Kondo, S. (2020). Musical communication in scaffolding young learners' expressive agency. Research Studies in Music Education, 42(3), 293-309.

・Ritchhart, R. (2015). Creating cultures of thinking: The 8 forces we must master to truly transform our schools. John Wiley & Sons.

・Wiggins, J. H. (1999/2000). The nature of shared musical understanding and its role in empowering independent musical thinking. Bulletin of the Council for Research in Music Education, 143, 65-90.

・Wiggins, J. (2015). Teaching for musical understanding (3rd ed.). New York, NY: Oxford University Press

【著者紹介】

近藤　真子（こんどう　しんこ）
文教大学准教授。京都教育大学音楽科卒業。米国オークランド大学音楽教育博士号を取得。「明日を生きる子ども達の幸福に役立ちたい！」をモットーに実践のための研究を続ける。日米の教員資格を持ち，米国にて長年にわたり音楽・幼児音楽教育者を指導。音楽づくりで世界的に著名なジャッキー・ウィギンズ教授から彼女の哲学を直接学び，共に研究してきた唯一の日本人。2018年に帰国。主な研究テーマは，音楽を通しての創造力，表現力，人間力の育成。「みえない学力」「コンピテンシー」「エージェンシー」「アイデンティティ」等，未来を生きる子どもたちに求められる資質，能力。教育の世界的動向などを踏まえて，新しい音楽教育のあり方について研究を続ける。国内外でのワークショップ，セミナー，研修会，国際学会での研究発表，著書，論文多数。

岩井　智宏（いわい　ともひろ）
武蔵野音楽大学卒業，同大学院修了。「音楽を通した人間教育」をテーマに様々な研修会，研究会に参加。近年では，イギリス，ハンガリー，アメリカと海外へ渡り日本以外の音楽教育にもふれ，さらなる音楽の可能性を研究している。平成30年度には文部科学省・国立教育政策研究所より依頼を受け実践協力校として教科調査官来校のもと授業を提供した。これまでに東京私立初等学校協会音楽部会主任，日本私立小学校連合音楽部会運営委員を務める。東京私立清明学園初等学校教諭を経て現在，神奈川私立桐蔭学園にて音楽の教鞭をとる。その傍，音楽授業セミナー音楽授業ファクトリーを筑波大学附属小学校の平野次郎氏とともに主宰，活動の幅を全国へと広げている。また，ピアノ演奏活動も行っており様々な合唱団等のピアニストを務め，ソロコンサート等も開催している。

〔本文イラスト〕せのおまいこ

音楽科授業サポートBOOKS

「常時活動」を位置づけた小学校音楽の新授業プラン

2021年7月初版第1刷刊	©著　者	近　藤　真　子	
		岩　井　智　宏	
	発行者	藤　原　光　政	
	発行所	明治図書出版株式会社	

http://www.meijitosho.co.jp
（企画）赤木恭平（校正）奥野仁美
〒114-0023　　東京都北区滝野川7-46-1
振替00160-5-151318　電話03(5907)6701
ご注文窓口　電話03(5907)6668

＊検印省略　　　　組版所　藤　原　印　刷　株　式　会　社

本書の無断コピーは，著作権・出版権にふれます。ご注意ください。

Printed in Japan
JASRAC 出 2102664-101

ISBN978-4-18-294413-0

もれなくクーポンがもらえる！読者アンケートはこちらから　→